Inhc

J.P. Guépin

Nutteloos getob over het Franse ontbijt

In een vreemd land voel je je vreemd, anders hoef je er niet naar toe. Aanpassing aan vreemde zeden en gewoontes, niets zoals je het thuis deed, Romein onder de Romeinen, Fransman in Frankrijk. Maar of die Italianen en Fransen die inspanning van je wel appreciëren? Het hangt van het land af; de Italiaan vindt het verrassend als je wat in zijn taal brabbelt, de Engelsman kan zich niet voorstellen dat er mensen zijn die geen Engels spreken, de Portugees is gevleid dat je helemaal naar hem toegekomen bent, nadat je je niet teveel door Spanje had laten boeien.

Maar de Fransman? Ja, wat kom je hier doen, o, vindt u het land zo mooi, wat had u dan gedacht, maar zover denken ze niet eens na, je mag er bij komen, maar niet teveel. Nu zijn er mensen die daar verlegen van worden, en denken dat ze zich bij de portier of de taxichauffeur moeten excuseren voor de zwaarte van de koffers, de lengte van de rit of van de hotelgangen.

Misschien dat een extra grote fooi? Maar nee, wees afgemeten en precies, vraag niets maar deel mee, want hoe aardiger je doet, hoe minder eer je behaalt. Dat geldt vooral voor de drie-sterren-restaurants en erger. Vraag niet wat 'Poulet de bresse au sel' is, weiger vooral elk gratis aangeboden apéritiefje, kies in eenvoudige restaurants het menu, maar nooit het 'menu gastronomique', laat de keus van de wijn vooral niet aan de sommelier over, kortom, laat nooit merken dat je niet weet hoe het moet, want met al je aardigheid oogst je alleen minachting. Dat geldt zelfs voor vragen naar de weg.

Nu zijn er ook heel eenvoudige dingen, als bijvoorbeeld het Franse ontbijt! Een grote kop koffie met melk, een schaal met daarop croissants, harde broodjes, boter, jam. Nou, gemakkelijker kan het niet, anders dan in Engeland waar je eerst pap en daarna roerei moet nuttigen, en vooral niet andersom. Maar er is geen bordje bij. Zet dan de kop koffie gewoon op het tafellaken, zelfs als dat niet van papier is. Nu is er op de schotel plaats voor een likje jam en het opengemaakte pakje boter. En dan? Het kadetje doormidden snijden en op zijn Hollands beleggen? Hoe doen de Fransen dat? O, ze soppen hun croissant in de koffie. Als ik per se de croissant met boter en marmelade wil beleggen, mag dat ook van ze?

Een stuk afbreken, op het breukvlak beetje boter en jam doen, afhappen. Maar daar heb je toch dat schoteltje niet voor nodig! Laat dus gerust je grote kop café au lait op het schoteltje staan, en besmeer je stukje brood boven de kop. Zo moet het, het is niet erg dat de gemorste kruimels van je koffie pap maken, en marmelade in de koffie schijnt ook heel geurig te zijn. Ik maak er een knoeiboel van, en ik eet ook liever spaghetti met mes en vork en rijst met iets anders dan stokjes.

De Fransen hebben er alles voor over om de schijn te vermijden dat ze een Hollandse boterham eten. Ze hebben een plak paté en een mes. Nu schijnt het de oppervlakkige beschouwer wellicht toe dat ze met het mes een likje paté op de door de vorige hap ontstane brokkelige rand van het brood smeren, maar die schijn bedriegt. Wat ze echt willen doen blijkt als je een driftige Fransman bezig ziet. Hij schuift met het mes dat hij in zijn rechterhand houdt een stukje paté naar links, en tegelijkertijd duwt hij met zijn blote linkerhand een stukje brood naar rechts. Bij de botsing blijft de paté aan de rand kleven, en die rand stopt hij dan in zijn mond om hem met zijn tanden los te scheuren. Het brood wordt na de maaltijd rondgeschoven om de restjes jus op te dweilen. De lagere standen houden het brood dan met de hand vast, en de hogere standen, die immers door de lagere standen zijn opgevoed, doen dat ook. Maar de hypercorrecte middenstander prikt het brood aan zijn vork in zijn rechterhand, en hij moet het dan wel in zijn geheel in zijn mond proppen, anders valt het er af.

Ik nam als vrucht altijd een banaan toe, en nooit een sinaasappel, want die kan ik niet schillen, met mijn handen niet, laat staan met mes en vork. Tot ik dat openlijk toegaf. Alle dames vonden het toen nog enig een sinaasappel voor me te schillen. Dat zal nu wel niet meer zo zijn, dus neem ik een appel, snijd die in vier porties die ik apart schil... of moet je die, net als de sinaasappel aan een vork steken en rond schillen? Bananen ook hoor, met mes en vork.

Simon Carmiggelt

Parijs, vlak na de oorlog

Terugkeren in Parijs, na zeven jaren, is zoiets als het weerzien van een geliefde: men staat vóór haar, voelt een verwarrende leegheid, stamelt stijve gelegenheidswoorden en beseft opeens, dat, zoals Fred Batten schreef, 'het verlangen een goed verdriet is'. 's Avonds om elf uur over een lange melancholieke boulevard slenterend, moet men zijn lutte avec l'ange der herinneringen uitvechten en accepteren, dat de geliefde wat ouder, wat grijzer is geworden. Maar na een dag komt ge tot u zelf en tot haar en bemerkt ge, dat ze toch nog even soepel babbelt, nog net zo vrijblijvend leeft, nog op dezelfde lichte manier blij en weemoedig, wijs en dwaas kan zijn en zelfs aan haar misère een zekere glans weet te verlenen.

Neen – eigenlijk vindt men de mooiste der oude schatten terug in Parijs. Het scheve hotelletje op de Place de l'Odéon staat er nog en verhuurt je, zonder mokken, de kamer van vroeger. Hier is niets veranderd: dezelfde kraakheldere uitdragerij, het eendere behang met de niet na te vertellen bloementoefjes en zelfs het sterk vergeelde Avis Important dat, net als toen, vertelt hoe de eigenares wordt bereden door de vrees, dat wij voortdurend haarlokken en bloemen in haar privaat zullen werpen. Het is een poëtische verdenking en we beloven dan ook graag, zo iets te zullen nalaten. Men is trouwens bereid veel te beloven

– dat dampt hier uit de grond. Er is geen plaats ter wereld, waar men zo graag toegeeft en waar men het zo druk kan hebben met niets doen, als juist hier. Op deze boulevards begrijpt men eerst goed, dat arbeid iets met de Paradijsvloek te maken heeft. Ik vul mijn dag ruimschoots met suffen en nergens heen te gaan en weiger aan te nemen, dat al die licht stappende mensen, die ten gerieve van de terraszitters hun nooit vervelende cavalcade houden, zich ergens heen spoeden. Hoogstens gaan ze iemand een kus brengen of een bloem afgeven. Natuurlijk is dat niet zo en zijn ze op weg om elkaar te bedriegen of te vermoorden, maar men is, zittend in de zon, sterk geneigd al deze soepel bewegende dames en heren lief te hebben. Het is ook zo heerlijk, dat ze zulk moeilijk Frans spreken. Als men de Nederlanders ook zo slecht verstond, zouden ze veel aardiger zijn.

Maar er blijven verschillen, die wij niet inlopen, al zeggen we nooit meer een woord. Op het terras in Quartier Latin, waar de studenten nog jonger doen dan ze alreeds zijn, zit ik naast een negentienjarige, die bij wijze van syncope een levende slang heeft meegebracht en nu, in de schaduw van zijn ondrinkbare koffie beproeft of hij een knoop in dit dier kan leggen. Men reageert belangstellend, is vriendelijk geïnteresseerd in de vraag, of een slang kan worden geknoopt als een das. De kelner meent van niet, geeft een paar vriendelijke adviezen, loopt door met zijn blad, een dikke man komt van binnen om de slang te bevoelen: 'Ah, comme il est froid.' Het verheffende is, dat men van de slang uitgaat. Die is er, iemand heeft haar meegebracht – het probleem is alleen, of men er een knoop in leggen kan. (Het ging niet – dit voor de mensen met Volkständigkeitszwang.)

De vrouwen hebben de krullen zó hoog op het hoofd gestapeld, dat ze, als men er de klosschoenen bijtelt, haar lengte voor zeventig procent charmant overdrijven en de jongemannen houden er ook een kuivige haarmode op na en worstelen allemaal om het profil van Rodins David of de jonge Apollinaire. Een recent portret van Cocteau, in omhelzing met een brandladder, laat zien hoe men dat ook nog kan overdrijven. Overigens: het taaie misverstand tussen de Franse en de Nederlandse geest heeft men ten voeten uit voor zich als men in 'Gymnase' zijn 'Parents terribles' met Gabriëlle Dorziat en Yvonne de Bray gaat zien, met de herinnering aan de vooroorlogse Amsterdamse opvoering in het achterhoofd. Een moeder, die als een jaloerse minnares naar de giftbeker grijpt, als haar zoon een meisje blijkt te beminnen – een vader, die met datzelfde meisje juist een duur betaalde verhouding was begonnen en nu de emfaze van de ouderlijke plichtsbetrachting en de nijd van de bedrogen minnaar gruwelijk dooreenhutselt – wel, dat is voor ons, zo vlak bij de zeemist, toch wel een probleemstuk, zou ik zeggen. In Amsterdam kraakten de planken dan ook onder het larmoyante eerste bedrijf, of Strindberg aan de orde was en werd de rest een onverteerbare kruising tussen vaudeville en problemerigheid, waarbij je nooit precies wist, of je nu huilen of lachen moest, maar hier schudden ze het hele zaakje met een 'nou ja' uit de mouw en bezigen de toon van 'ach, zulke dingen komen voor' – doch alleen zó krijgt dit toch wel knappe stuk vorm en evenwicht.

Er is een duidelijke spanning tussen het aantal toneelvoorstellingen, dat men hier zou willen zien en de Franse duiten die men te verteren heeft. Wil men tóch, dan verdient het aanbeveling van een aantal levensbehoeften af te zien. Slapen is nodig en zelfs opportuun, want waar in de Parijse nacht licht brandt, noteert elke arabesque van kelner of portier een klein fortuin. Het gebruiken van maaltijden kan men echter, na de training die de Duitsers ons te dien aanzien gaven, met gemak nalaten. Koop een meter Frans brood en een homp pâté op de bonnen die men als vreemdeling krijgt, loop de restaurants, waar een maaltijd gauw kostbaar wordt, voorbij en lunch of dineer op een bank aan de Seine of in het gras van de Jardin du Luxembourg, waar de breekbare Franse kinderen onverminderd bootjes te water laten en de politie zondagsmiddags haar plechtige, vérdragende blaasconcerten nog steeds niet achterwege laat.

Zo ziet men dat de armoede aanmerkelijk gecompliceerder is geworden in Parijs. Men mist dan ook de internationale bent van lotgenoten, die voor de oorlog in Quartier Latin of Montparnasse zo schilderachtig zat te proberen hoe lang een mens het leven met behulp van één frank kan rekken. Wat vroeger aan artistieke schaduwgewassen in Dôme en Rotonde bijeenzat, schijnt te zijn overleden of afgereisd, want in die etablissementen is de levende have ingrijpend veranderd. Zo vlak na de oorlog schijnt Parijs Franser geworden. De vreemdelingen dragen er een uniform en de emigranten met hun honger en hun haat hebben – flauw van de geschiedenis! – hun reden om hier dromerig te bouderen verloren. Ik mis vele Witrussen – om hun wodka, hun gebarsten stemmen en hun verledens, die niet aflieten mijn provinciaal gemoed te betoveren. In een zijstraatrestaurant vinden we er nog een paar terug, met violen en cello's en een beleefde directeur van het postkantoor uit voormalig St. Petersburg aan de piano, en daar klinkt het weer. Mijn Tiny, die hier gewoond heeft en volhoudt dat zij Russisch kent, verzekert, dat het vooral kinderliedjes zijn, die deze heren voortdurend spelen. Zou ik, als emigrant in Madras, iets bereiken door in eethuizen 'In een blauw geruite kiel' aan te heffen? Ik twijfel. Böse Leute haben keine Lieder – hoewel dat ook weer niet helemaal opgaat, want de grijze Witrus speelt, met een gezicht dat druipt van trots en zaligheid, de Boedjennymars van de Rode soldaten, voor hém sinds Stalingrad blijkbaar geen Böse Leute meer. Als men zo'n lied na al die jaren emigratiemisère, lange-afstand-haat en tanden-op-elkaar-zetterij ten beste geeft, moet het moeilijk zijn het menselijk lot nog als een duidelijke rechte lijn te zien. Ik zou me bepaald bij de neus genomen voelen. Maar de grijsaard straalt, en antwoordt, als ik vraag hoe hij zo blij kan zijn over de triomf van zijn politieke doodsvijanden: 'Mais, monsieur, ik zélf mag mijn vrouw wel slaan, maar als een ander het doet, snij ik hem de keel af.' En hij speelt verder: ta ta ta ta ta ta ta ta ta ta, daar gaan ze, de jongens van Boedjenny. Neen, met het woord 'nooit' moet men voorzichtig zijn.

Terugkerende in Parijs. Wandel bij nacht door de slecht verlichte straten, beluister de adem van de slapende stad en denk aan het talent dat hier leefde, de cultuur die hier ontstond, de dichters die hier dwaalden – en ge weigert te geloven dat tegen deze grijze gevels ooit het barbaars geklos van Duitse hakken heeft weerkaatst. Neen, dat was een boze droom. Voor de goede droom van de kunstenaars en de vrije mensen ligt Parijs, ondanks alles, gereed. Onnodig te zoeken naar hetgeen men zelf niet bezit. Rilke heeft in 'Malte Laurids Brigge' bewezen, dat men in Quartier Latin ook louter stof tot voortreffelijke wanhoop kan opdoen, en waarschuwt Van Nijlen niet dat men op reis nooit zijn valies met dromen moet vergeten, opdat men in elke stad een passend onderkomen vinden kan? Ook Parijs is ten slotte een hoeveelheid stenen. Wie er ten onrechte heen reisde en net zo goed naar een ander, met vermakelijkheden getruffeld mensenarsenaal had kunnen gaan, zal er wel raar staan te kijken. Maar als ge behoort tot de lieden, die, toen het in de oorlog om de vrijheid ging, misschien wel meer aan de Boulevard St. Michel dachten dan aan het Nederlandse parlement, dan vindt ge in Parijs de oude schatten en geuren ruimschoots terug en wandelt ge, gelukkig glimlachend, door de bekende straten – vreemdeling en eindelijk thuis, niet te verslaan door de duurte die de Nederlander van prins tot routier reduceert, onkwetsbaar zelfs voor de nationalerige afkeer, die de Fransen in allerlei vaudeville-stukjes en weekblaadjes ten aanzien van de buitenlanders demonstreren. De onzin! Utrecht is onmiskenbaar van óns, maar Parijs – Parijs is van de wereld.

Hugo Raes

Een naaktvakantie op Corsica

Toen de laatste als tentharingen dienstdoende takken en aangespoelde plankjes muurvast in het duinzand verzonken waren, plakten we van het zweet. Het zweet dat de barrière van de wenkbrauwen had doorbroken en in de ogen prikte. Met de vuile handen open en van het lijf afgehouden naar beneden hangend, blies ik een zweetdruppel van mijn neus.

Kom, nu eerst de opgeblazen luchtmatrassen erin en de zakken met de kleren, dan zijn we klaar en wat jullie dan doen weet ik niet, maar ik duik de zee in, zei Adèle.

De kinderen liepen met grote sprongen het duin af, om het gloeiende zand zo weinig mogelijk te voelen. Wat is er met het strand gebeurd? zei Adèle. Toen we hier de vorige keer waren, drie jaar geleden, was het zeker een meter of vijftien breed, en kijk nu eens! We zagen dat het strand inderdaad geslonken was tot een strook van drie, vier meter. Het zand liep nogal steil schuin af en erachter rees het duintje recht omhoog, duidelijk aan de voet door stormgolven aangevreten.

Het water was niet zo warm voor Corsica, vond ik. Maar we waren nog vroeg gearriveerd: twee juli. De heetste tijd van het jaar begon nu pas en over enkele dagen zou het water als een warm bad zijn en nauwelijks verfrissend meer.

Zoals steeds waadden vrouw en dochter, met zijwaarts geheven armen, langzaam dieper, met de gewone begeleidende uitroepen, terwijl vader en zoon bleven staan waar het water halfweg de dijen reikte. We keken naar het wippen van de meisjes, die zich al tot aan de borsten in zee hadden begeven, en ons uitdaagden en bespotten, en toen telde mijn zoon tot drie en doken we plat en heldhaftig vooruit.

De kinderen lieten zich met omhoog gestrekte armen loodrecht zinken om te peilen hoe diep het was, want hoewel we slechts op vier meter van het strand waren, konden we er toch al niet meer staan. Van mijn zoon staken de vingertoppen nog net boven.

Om halfzeven in de morgen moest ik de tent uit, die in volle zon stond. Zodra ik de sluiting had opengeritst kwam er frissere lucht binnen. Ik sloot de tent weer achter me, omdat Adèle halfslapend zei: Laat de tent dicht hoor, ik wil nog wat slapen.

Halfzeven en je zit hier al te puffen van de hitte, dacht ik, en zette een vouwstoeltje in de schaduwplek die het bizar gevormde sparreboompje achter zich wierp. Het was nog vroeg, straks zou de schaduw dichter en dichter kruipen en bescherming zoeken onder de knoestige boom. En in die schaduw zouden we voortaan zitten, eten, liggen, lezen, kijken. Voor de tenten die met de opening naar zee stonden, was er geen schaduw. Ik zette de kartonnen dozen met de mondvoorraad, het fruit, de wijnflessen en limonadefles, die nog koel waren, in de schaduwpunt die de tenten achter zich wierpen. Naarmate de zon haar weg naar het westen beschreef zouden we de dozen telkens mee moeten verplaatsen.

De hond eiste mijn aandacht voor zich op door nadrukkelijk met de nagels van zijn rechterpoot in mijn dij te duwen. Hij geeuwde met wijdopen bek en halfgekrulde tong, likte een paar keer de lippen. Hij hijgde verder, terwijl hij met spleetoogjes de lichtscherpte weerde. Zijn kop schudde op het snelle ademritme mee en zijn oren bewogen naar achteren tot ze tegen zijn kop lagen, in zijn nek, maar plots recht vooruit schoten, terwijl hij met hijgen ophield en de ogen wijdopen rondkeken. Een dikke zwarte reuzenkever scheerde rakelings langs, nam juist voldoende hoogte om over de noklat van de tent van de kinderen te stijgen, beschreef verder een grote boog en kwam opnieuw op ons afduiken. Het bleek maar een schijnbeweging, hij snorde over mijn haar voorbij en verdween boven het maquis achter het duin.

Het was bladstil en de zee lag er als een rimpelloos meer bij. Ik opende de zwartlederen tas van de nieuwe kijker van Russische makelij en stelde de lenzen in op mijn ogen. Buiten het ene rubberbootje dat ik met het blote oog al had bespeurd, ontwaarde ik er nog twee, waarschijnlijk motorbootjes, die stillagen en van waaruit gevist werd. En heel ver een vrachtboot, een ietsje wazig. En toen zag ik het blauwige silhouet van een groot eiland, hoog en nauwelijks te onderscheiden van de lucht, en toch duidelijk afgetekend. En verder naar rechts nog een, verder verwijderd dan het linkse.

Je moet eens kijken, je kan het eiland Capraia zien,

daar, en meer naar rechts en vager, Elba, zei ik, toen de jongen uit de tent kwam en met een vissersvouwstoeltje naar de schaduw toekwam. Dat kan niet, lachte hij en nam de kijker aan. Ja zeg, dit is een verdomd goede kijker hè, zei hij. Ik zie ook een groot zeiljacht, een tweemaster, mompelde hij. Ik vroeg de kijker terug en zag hem inderdaad ook.

We hoorden een eerste stem helder opklinken. Een eind rechts van ons deed een vrouw met witte franjebadmuts op, rugwaartse zwemslagen. Een dertigtal meter van het strand bleef ze ter plaatse hangen of watertrappen en zei iets tegen de man die nu de zee inwandelde en met de handen in de heupen bleef staan kijken naar de vrouw. Hij tuurde het strand af naar links. We zagen vandaar een oud echtpaar komen aanwandelen uit de verte, over het verlaten strand van het militair oefengebied voor straaljagers. In het vakantieseizoen werd er niet geschoten.

Wat komt daar nu weer aan, zei Thomas. Een opvallend aantrekkelijke meid met lang blond haar, trapte door het mulle zand zodat haar naakte achterste met haar wiegende heupen meemaalde, naar de douche in de open lucht. Een egaal gebruind lichaam, dus eentje die hier al een poosje is. In tegenstelling met haar waren wij eerder aan de witte kant.

Niet te dicht naderen, want ik doe hier aan natuurlijke waterverontreiniging, riep Annette, waarop Thomas help! riep en uit de buurt zwom.

Geleidelijk waren meer en meer mensen aan het

smalle strandje en in de zee verschenen voor de morgenduik. We spoelden het zout van het lichaam onder de open douche in de zon; het zoetwater dat via een bovengrondse leiding van de bron naar de douches gepompt werd door een elektrische pomp die we in de verte soms hoorden, was warm van de zon.

Er zijn mensen die het overbodig vinden het zout af te spoelen en lekker blijven stoven in de hitte. Voel je het al spannen achter de oortjes, en zie je de witte zoutstreepjes al op en naast de wenkbrauwtjes zitten? Eekk! gruwelijk, zei Thomas. Of 's avonds onder het laken, zo'n klam gevoel tussen je benen en een schurende, stremmende huid op het matrasje.

's Nachts werd ik telkens een paar keer wakker. Van een dof stampende machine waarvan het geluid golfde en maalde, alsof in de buurt een grote boot naderde. Ik ging buiten kijken. In de verte voer een passagiersschip voorbij met ontelbare lichtjes in horizontale rijen. Het kon niet anders of dit moest de boot Bastia-Livorno zijn of Bastia-Sardinië. Geen andere lijn passeerde, vanuit het noorden komend en naar het zuidoosten koersend, de oostkust van Corsica. Vorige keer waren we met dit schip van de Tirrenialijn gekomen. Elke nacht omstreeks twaalven zou ik er voortaan van wakker worden, net of het zeer dichtbij was, maar op het water dragen de geluiden zeer ver.

Ik lag een tijdje te luisteren naar de branding. Sissend en kloppend soms. Een regelmatig, bijna snurkend inademen en blazend uitademen van een reus, dat zich verveelvoudigde of opdeelde, net of er twee reuzen snurkten. Een Duitse had Adèle gevraagd of wij wel konden slapen van die branding. Zij vond het verschrikkelijk, het maakte haar nerveus zei ze. Daarom stonden de meeste tenten onder de bomen, beneden achter de duinen. Ook voor de schaduw. Maar je voelde daar nooit de zeebries, als die er tenminste was. Anderzijds werkten de witte duinen als een braadpan, waar onze tenten middenin stonden, met alleen de schaduw van de twee scheve sparretjes, een zeer kleine oase. Verder weg stond in een duinpan nog één tent, met zonneluifel, en zonder enig boompje in de buurt.

Als je nu even luistert en zwijgt dan hoor je eigenlijk niets dan het knappen van dit Franse brood, zei ik.

Daarom wil ik ook nooit meer gewoon kamperen, behalve ergens in het wild als het enigszins te doen is, zei Adèle, óf naturisme, maar op een gewone camping met de tenten koord in koord, met de knalbromfietsen, de automaniakken, de slungels met cowboyhoeden, de meiden met krulspelden, de nachtelijke feestvierders, de radiootjesziekte, daar wil ik nooit meer op. Terwijl we naar het kraken van het stokbrood luisterden en naar de branding, en naar de zenuwachtige ritselbewegingen van de keeshond in de duingraspollen, waar hij een hagedis achternazat, zei Adèle dat het enige nadeel van dit krakende knappende stokbrood was dat je er niet af kon blijven. Je blééf er afbreken en met deze Corsicaanse geitenkaas van eten. Ik zal maar uit de buurt van de weegschaal blijven als we weer thuis zijn, mompelde ze.

In de loop van de dag stak er onverwacht harde wind op. Er waaiden een paar parasols om links en rechts. Ik ging met Adèle mee inkopen doen voor het middagmaal, in de kampwinkel, nu het door de wind frisser was. We smeerden ons eerst rijkelijk in met zonneolie, waarin het opstuivend zand tegen de kuiten en in onze knieholten bleef plakken. Op het terras van de bar naast de winkel zag ik een lange magere vrouw, een Zwitserse, naar ik hoorde aan het lijzige boerachtige taaltje, en die had merkwaardige tepels, naar buitenuit breder uitlopend, als heel kleine trompetjes. Erg vreemd en erg groot overigens, zoals gewoonlijk bij vrouwen met kleine of vrijwel geen borsten.

In de winkel stonden enkele bijzonder lelijke mensen op leeftijd. Wat komen zulke mensen hier toch zoeken, zei Adèle. Ze zien er ook helemaal niet als naturisten uit. Dat heb je natuurlijk nu er in Duitsland van die reisagentschappen zijn die reclame maken, zo van: zorgeloze naaktvakanties, ook voor u! Dan krijg je een toevloed van vreemdsoortige luiden die een plaatsje in een bungalow laten reserveren, mensen die er vóór het verrijzen van deze reisbureaus niet aan zouden hebben gedacht om gewoon naakt te zijn in de zon, bij wie het dragen van kledingstukken om te gaan zwemmen nooit een vraag was. Ridicuul: speciaal kledingstukken aantrekken om zich in het water te begeven. Onwaarschijnlijk en toch waar, zoals Thomas het uitdrukt.

Adèle vraagt naar tomaten. Zijn er niet meer in het bakje? Nee. De dikke Corsicaanse matrone, die in het donkerblauw gekleed de kampwinkel exploiteert roept haar zoon: Alain, il n'y plus de tomates. Vas chercher une caisse de tomates. Alain roept zijn jongere broer: Gilbert il faut aller chercher une caisse de tomates! Gilbert roept le grand Mohammed. Il faut apporter une caisse de tomates au magasin. Le grand Mohammed die bierbakken aandraagt, roept de jongste Arabier, le petit Mohammed, die lege flessen aan 't uitspoelen is. De kleine Mohammed haalt een kistje tomaten. Iedereen veegt zich het zweet van het voorhoofd en de bovenlip. Het is bijna middag, over enkele minuten gaat de winkel dicht tot vier uur. Mensen zeulen zich zelf met vermoeide tred door de hitte en het zand. Ondanks alles liggen roerloze gedaanten in volle zon te schroeien. We passeren een jongen en een meisje die bezig zijn met een flesje zonneolie en cleanex-zakdoekjes teer van hun voetzolen te verwijderen. Zij kijken onder hun voetzolen. Wij kijken ook.

Op het strand komt een klein zeilbootje aan, wordt door de branding dwars op zijn zij op het zand geworpen. Uit het wapperend zeil scheurt een zeillat los.

Adèle merkt op, wanneer we bij de tenten zijn, dat de twee zusters die in de tent op het duin achter ons wonen met hun mannen, van boven ros en vanonder zwart haar hebben.

De kinderen zetten de twee tafeltjes en de vier vouwstoeltjes in de schaduw. Ik open de wijnfles. De plastic borden waaien van tafel.

Even later mindert de wind, zodat we toch rustig kunnen eten, maar de wespen dagen nu op. Met een snelle en korte tik moet je ze doodmeppen. Pas op, weer zo'n bommenwerper, zegt Annette, die zich bukt voor de luidbrommend aanvliegende reuzenkever. Hij snort beurtelings rond onze hoofden, zodat we alle vier wuiven en slaan met de handen.

Het wordt een gloeiend hete middag, we voelen de lucht die we ademen heet in de longen en in de keel. Wanneer een traag briesvlaagje even waait glijdt een hittegolf uit de duinen over ons kampement. De kinderen verplaatsen de kartons met het eten en drinken. Het laatste ijs is alweer gesmolten. Het houdt het in de isolerende ijsbox niet langer uit dan twee uur.

Om vijf uur staat de wind zo strak dat het niet meer te doen is op het strand. Met het bootje varen is uitgesloten, de branding is te wild en de golven slaan tot tegen het duintje, we zien de met korte rukken terugtrekkende golven het zand meezuigen. De kinderen tuimelen en dartelen om en van de luchtmatras in de branding en zwemmen dan opnieuw de zee in om zich op de hoge golven te laten meerijden.

Met de open jeep rijden we de vrijgehakte gang door het dichte maquis, die nu de weg naar de rijweg is, af. Hier is de auto in zijn element. Hij neemt alle kuilen en keien en voren muurvast, heuvel op, heuvel af, een bochtig en verraderlijk tracé met los grind, en blootgekomen wortels. We rijden met veertig à vijftig kilometer over dit ruwe terrein, waar je een paar keer per dag een andere wagen in eerste versnelling traag over ziet kruipen, om te proberen te vermijden dat de keien gaten in de benzinetank slaan en dat het chassis tegen de opstekende bulten verend terugbeukt. Adèle wordt woedend omdat dit stuk weg van zeven kilometer weer hoognodig op deze manier moet worden afgelegd. Ze zegt dat ze er telkens pijn van aan de nieren heeft en dat haar borsten zeer doen van al dat schokken. Maar dit is nu eens een gelegenheid om de jeep uit te proberen, vinden wij, om hem eens te laten tonen wat hij kan. Maar dat weten we toch al lang, zegt ze. Je gaat dat nu toch niet elke keer doen als we naar het dorp rijden voor inkopen.

In de tent liggen we te luisteren naar het doffen en kloppen van de branding en het fluiten van de wind in de tentkoorden. Ik ben wakker geworden van het beuken, omdat het net is of het van vlak naast de tent komt, zegt Adèle, in plaats van vóór de tent.

Ik heb een droom gehad. Gekleed zwemmen was nog slechts mogelijk en toegelaten op enkele gereserveerde plages. Verder werd er overal ter wereld op de stranden naakt gezwommen en gezonnebaad. Wie ouder was dan vijfenveertig moest echter verplicht gaan zwemmen aan een strand waar men gekleed was. Tenzij men een aanvraag deed om naakt te mogen blijven zwemmen en zonnen, en daartoe permissie kreeg op grond van pionierschap in naturisme, ofwel wegens een zeer goed geconserveerd lichaam. Daartoe moest men eerst verschijnen voor een keuringscommissie, voor toelatingscontrole. Ontelbare mensen defileerden met legitimatiepapieren langs de kritische commissie. Nadien gingen we allen zwemmen in het oceaanbad, dat was uitgebouwd in zee. Binnen deze zwembaai, waarvan het gezuiverde water was afgeschermd van het verontreinigde oceaanwater, rolden de golven op hetzelfde ritme als die van de oceaan daarbuiten. Het zuivere water van het zwemgebied werd door de rollers van de oceaan tot dezelfde deining gestuwd, door bewegende rollen onder de meegolvende plastic bodem. De kunstmatige lagune was aan de natuurlijke zijde begrensd door het eeuwenoude strand met de strandstoelen. Om de recreatiebaai af te schermen tegen de vuile, bevettigde en beviesde oceaan die er onophoudelijk tegenaan kwam rollen, werd een hoge wal opgeworpen, die overtrokken werd met een dikke laag schuimplastic waarin je wegzakte tot over de enkels. Van boven op dit schuimplastic duin stonden de mensen naar de oceaan te turen. Beneden klotsten de teer, de olie en het industrieschuim, vermengd met dode vogels, lege ijzeren tonnen, plastic lappen in een onnoemlijke afvalpap tegen de harde wal. De schuimplastic bekleding begon eerst boven bij de kruin van het duin en helde met glooiingen onregelmatig, om het geheel een natuurlijk uitzicht te geven, naar de zwembaai af. Een zeebad in zee.

We gaan even buiten kijken met de zaklamp. De zee beukt verontrustend luid. Er is geen maan vannacht, wel zien we heldergrote sterren. We gaan kijken of onze boot er nog ligt. We horen de metalen klank van de val van het grootzeil en die van de fok, die tegen de aluminium mast tikken. Hij ligt maar net hoog genoeg tegen het duintje opgetrokken, want soms reiken de brandingsgolven tot vlak onder zijn spiegel, waar een kuiltje is uitgeslepen door het terugzuigende water. Maar de boot ligt bijna in een hoek van vijfenveertig graden tegen het duin op, en het anker hebben we achter een dicht en taai struikje in de duinpan gehaakt.

In de tent drinken we uit een eierdopje groene Corsicaanse 'Liqueur des plantes odorantes du Maquis' om te kunnen slapen.

Zouden we onze zwemvesten niet bij ons in de tent leggen? vraagt Adèle.

Wat zeg je daar nou, lach ik.

Ik ben altijd bang op een eiland, zegt ze. Stel je eens voor dat het wegzinkt, dat kan toch, dat het verdwijnt zoals het ontstaan is? Zouden wij ons kunnen redden met ons bootje?

Dat weet ik niet hoor, maar ik kan me voorstellen dat de zee eromheen wel zo'n zuigende heksenketel zou zijn dat er niet veel van terecht zou komen.

Het zijn weer net zulke fantastische golven als gisteren, roept Annette, en ze rent met de luchtmatras onder de arm naar beneden. Acht uur en eens temeer snikheet. De wind is gaan liggen, en toch is de zee even wild. Als er eenmaal beweging in zit duurt het een tijdje eer die beweging weer afneemt, natuurlijk, ook al gaat de wind liggen, verklaart Thomas. Hé, nu is er helemaal geen strand meer, roept hij. Inderdaad heeft de zee het laatste strand weggevreten en de golven slaan nu uit tot tegen het droge duinzand. Verderop in zee zien we enkele baders tot aan de heupen boven het water steken. In de loop van de nacht heeft zich voor de kust een kleine zandbank gevormd met het weggeschuurde strandzand. De natuur breekt af en bouwt weer op en blijft steeds in beweging.

Als het zo voortgaat is er over een paar jaar geen camping meer, zijn ook de duinen al weggespoeld, zegt Adèle.

Ik zit in de schaduw van het sparreboompje met een glas gekoelde vin rosé. Het is een glas met kuiltjes en bultjes, dat we hebben gekregen in ruil voor bonnetjes die je bij de benzine krijgt. Wijn uit een plastic ding drinken is toch wel het toppunt van decadentie. Plots schiet er iets voorbij, een hagedisje flitst pijlsnel over het zand met achter zich een slang aan. Ze zit er vlak achteraan, maar kan het hagedisje niet inhalen. Er blijft een afstand van een twintigtal centimeter tussen hen. Het hagedisje heeft een duingraspol bereikt en verdwijnt erin, en dan ook de slang. Ik roep terwijl ik met de arm wuif naar de anderen in de golven: een slang!

Adèle neemt het legerschopje en port ermee in het grasheuveltje tot de slang eruit wegflitst, terwijl Thomas er een dia van neemt. Er zijn nog vier mensen komen kijken. Niemand wist dat een slang zich zo snel voortbewoog. Een van de toeschouwers is een meisje met nog spierwitte borsten en bekken, terwijl de gedeelten die niet door vroeger bikinidragen wit gebleven zijn, al roze verbrand zijn.

De kaartjes zijn geschreven, zucht Annette, en strekt zich uit op de luchtmatras onder het sparreboompje. Het zweet parelt op ons voorhoofd, ook al lig je onbeweeglijk, het lijkt hier een bakoven. Over nog geen vijf maanden is het alweer Sinterklaas, steunt Thomas en neuriet moeizaam en zwetend: de Vriezeman komt, de Vriezeman komt... Hoor de wind waait door de bomen, makkers staakt uw wild geraas, mompelt Annette die geen toon kan houden. Zijn jullie vannacht ook wakker geworden van het beuken van de zee? vraagt ze.

De hond is tot en met gefrustreerd door de hagedissen die vlak langs zijn neus voorbij lopen maar altijd kunnen wegritsen voor hij er bij kan. Adèle maakt een foto van de hond terwijl hij de schuine stam van het verbogen sparretje oploopt, zich met zijn nagels probeert vast te klampen, maar er toch afglijdt en er ten slotte afvalt. Niemand zal ons willen geloven dat de hond in een boom kan klimmen, en dan kunnen we de foto tonen, zegt ze.

Alsof iemand met een grote hand plat op het water sloeg, klonk steeds opnieuw plotsj, een ontploffing van water, het omkrullend, omkerend omslaan van de laatste golf tegen het duin. En dan het lange schuren van het schelpjeszand dat weggesleept werd. Ik luisterde ernaar tot ik opnieuw in slaap viel. Hoe langer je luistert, hoe meer soorten geruchten je hoort. Op de duur was het of je een deuntje hoorde fluiten in de branding: steeds een paar hoge zingende tonen, en dan naar beneden en dan weer hoge tonen. Op de achtergrond van het fluiten, gepraat van stemmen, druk gebabbel en gemompel. Eroverheen glijdend het suizen van het fluiten, grillig en hoog. En dan weer een plotselinge ontploffing zodat het soms leek of de aarde dreunde. Maar het was alleen geluid, gerucht. Het leven van de zee. Corsica betekent een dimensie meer, dacht ik. Meer universumgevoel, meer universeel voelen, immenser. Tijdlozer. De zee, de sterren 's nachts, de donkere bergenrijen, kam na kam in telkens andere kleuren overdag. De stilte in het binnenland, waar je de zee niet meer kan horen. Het ritselen van de bergstroompjes die het eiland rijk is. De hoge wouden. De dorpjes: het kerkhofje van met ijzeren traliehekken omheinde graven, met smeedijzeren verroeste bloemen, midden in de grond gezet. Een afgebakende rechthoek rotsgrindbodem van één bij twee meter. Soms aparte stenen huisjes, luxueuzer voor de doden dan voor de levenden. Soms leek het doffen van de golven van naast de tent te komen, en een hoorbaar toenemend sissen begeleidde nu het breken. Ik nam de zaklamp. Ik ging de kinderen wekken en Adèle. Er was wind opgestoken. De boot moest hoger opgetrokken worden.

Toen hoorde ik plots in het Duits roepen: Water in de tent!

Ik ritste de tent open en zag hoe er water in de duinpan was gelopen, een paar meter beneden ons waar de tent stond van de Duitsers die geen schaduw hadden. De wind stak vanuit zee het land in, mijn haar waaide op en sloeg met de uiteinden in mijn gezicht en de eindjes zweepten in mijn ogen. Ik zag het duin niet meer, het was of wij aan de rand van een nieuw strand dat wij niet eerder hadden gezien, vlak bij de zee kampeerden, nauwelijks een meter boven de zeespiegel. De uitlopers van de laatste golven kabbelden de duinpan binnen vóór onze tenten. De hond begon te janken. Ik riep: Adèle! eruit snel, de zee is tot hier gekomen, het duin en het strand zijn weg, Thomas, Annette, vlug! uit de tent!

De Duitsers waadden nu al roepend van hun villatent weg, de man torste een draagbare ijskast mee op de schouder. De wind nam toe en toen brak de volle maan door de wolken en verzilverde het oprukkende water. Op het vragend geroep van de kinderen schreeuwde ik dat we weg moesten. In de duinpan hoorden we smekend jammeren, we zagen de Duitsers tot aan de borst in het water staan en toen beginnen te zwemmen. Toen naderde een langgerekt schurend schuiven. Rechts naast het w.c.-blok gleed een groot stuk duin het water in. Naar de jeep! riep ik. We begonnen te rennen, omkijkend. Achter ons bolden onze tenten als blazen op boven het zeewater, dat al voorbij de plek waar ons duin was geweest optrok. De hond liep Thomas voor de voeten, die vloekte en bijna viel. We sprongen de open jeep in en terwijl ik startte en omkeek, zag ik de kinderen achter mij angstig wijzen. We onderscheidden niets, maar boven het malen van de starter vernamen we twee dikke plonzen en het duin waarachter de auto stond, samen met enkele tenten en wagens, werd lager en lager. Overal klonk nu geroep. Mensen liepen met grote zaklantaarns aan. Auto's werden gestart. Het beuken van de branding was nu vlakbij, en opnieuw bulderend luid na de tussenperiode waarin hij de smalle duingordel had overspoeld of weggespoeld. Dwars door het hoge grasgedeelte draaide ik de jeep direct tussen de bomen door de uitgehakte weg op en schakelde in zijn twee en drie. In de witte kegel van de koplampen wierpen de bulten onevenredig grote schaduwen. We kenden de weg en we schokten de korte bulten over en de kuilen door. Een enorm ruisend ronken hoorden we boven de bijtend brommende motor uit. Achter ons gleed een uitgestrekt gebied met het laatste natuurlijke bolwerk, de grootste duinrug met daarachter het loofbosje met de tenten en caravans, onder water. Tegelijkertijd werd de zee een wit sop zonder golven, waaruit hier en daar dingen oprezen: een boomstronk, een caravan, een leeg rubberbootje. Er dreef iets brandends in het schuim rond. Met vijftig kilometer per uur baande de jeep zich schuddend een weg naar de hoger gelegen wijnvelden. In de richting van de hoofdweg die nog kilometers ver weg was. In zijn tweede terugschakelend trok ik de wagen een steile korte bult op, waarna de keienwoestenij zich tussen het maquis doorslingerde. Eerst daalde het pad, om een honderd meter verderop plots opnieuw steil een heuvel op te klimmen. Vanop dit bergje zagen we twee schokkende koplampen op een honderdtal meter achter ons plots achterover verdwijnen.

Het eiland verzinkt, riep Adèle, het zakt in zee, o! en ik heb het nog gezegd gisteren, ik was er zo bang voor! Misschien is er ergens een aardbeving geweest, riep ik. De jeep hotste hardronkend vooruit, hobbelde over de rotskeien en voren.

De vuurtoren! de vuurtoren, gilden de kinderen.

Rechts, ter hoogte van ons, maar ver weg, helde de vuurtoren van Cap Alistère. Zijn lichtbundel scheerde zinloos en wild schuin omhoog de lucht in en in het maanlicht konden we de toren, duidelijk wit, zien omvallen en in zee verdwijnen. Opnieuw kalfde een groot stuk land naast ons af. En onverwacht kraakte het vlak achter ons. Enkele meters achter ons verbrokkelde de bult die we net hadden genomen en brak af met een reeks knallen van rotsbodem die barst. Nu eerst voelde ik het zweet overal op mijn blote lichaam. Achter ons, weer op enkele meters nauwelijks, beet het water dat nu stilstaand leek, op het schuimen na, een ander brok land af.

We halen het nooit, schreeuwde Adèle.

Het wegzakkende land volgde ons. Het was of er grote happen uitgebeten werden. De jeep raasde de onmogelijke weg af, soms tolden de banden even in het zand, mergelachtig grind uitschuivend, maar hij gleed en hobbelde en bromde voort, met een waanzinnige kleine lengte voorsprong op de nu al verglijdende wijngaarden en heuvelhellingen. Een rollend donderen raasde van achteren op ons toe. Een donderen van een nu diepe zee. Na het aanvankelijk ondiepe overspoelen was er nu de volledige verzakking. Stormgolven koersten van zeer ver aan, een vloedgolf van hoge witte ruggen in een schuimend veld. We wonnen afstand. Insekten sloegen tegen ons gelaat te pletter als steentjes. Was de voorruit maar niet neergeklapt nu, dacht ik in een flits. Maar we haalden het! We klommen nu de laatste heuvelruggen op die ons van de hoofdweg scheidden. Boven ons schreeuwden vogels die dichtbij overvlogen. Het luide klapwieken van een laag aanvliegende helikopter overdonderde alle andere geluiden. Een verblindende bundel van een zoeklicht onderaan de neus van de machine, sneed over ons heen weg, in de richting van de verzakte kust. Wij zijn de laatsten die de aardbarst zijn voorgebleven, schreeuwde ik.

Vlakbij wentelden de blauwe flikkerlichten van vier gedrongen brandweerwagens op hoge ruwe terreinbanden die naast de hoofdweg Bastia-Porto Vecchio stonden. Er kwam een rode jeep een kale helling afgereden, die stopte bij de brandweerterreinwagens waar mensen praatten en wezen. Men zwaaide met de armen ten teken dat we moesten doorrijden.

Onder enorm tumult scheepten we in. Het was bijna niet mogelijk door de chaos tot bij de open muil van de veerboot te komen, maar wij kregen voorrang met onze open retourtickets. Hoewel de verwarring vanzelfsprekend groter was dan de gewone zuidelijke chaos en drukte, verliep het laden en inschepen bijzonder snel. Het was bloedheet, om acht uur. De zon, de altijd gloeiende bol, stond in hetzelfde smetteloos azuur van het zuiden als toen we de haven van Bastia uitvoeren. Overal knorden en kraakten opgewonden draagbare radiootjes aan dek. De machines stampten traag en krachtig ritmisch en het spierwitte schip gleed met een flinke snelheid dicht aan de kust van Cap Corse voorbij. We konden de pastelkleurige huisjes tegen de steile rotswand opgestapeld zien, en één woord: HOTEL. Erbalunga, wees Adèle. Dan is dat dorpje links Lavasina, zei Annette, daar hebben we nog in dat visrestaurantje gegeten vóór we naar Riva Bella afzakten. Even parallel en dichtbij de kust voer het schip nog toen we Marina de Porticiolo kruisten. Ter hoogte van Santa Severa keken we met de handen boven de ogen naar het dal waar we van de schaapherder met de racefiets twee lamsvellen hadden gekregen. In ruil zouden we hem de kleurenfoto's die we van hem en ons hadden genomen, toesturen. Van de foto's zal hij niets zien, zei Thomas, hij zal denken dat hij belazerd is. Maar we kunnen hem achteraf een kaartje of briefje sturen met de verklaring. Het is net een waanzinnige film, zei Adèle: die kust hier, mooi, duidelijk, helder, dezelfde zon, de blauwe lucht, het helder donkerblauwe water, net of er niets aan de hand is geweest. Terwijl enkele tientallen kilometers verder, een kwart van het eiland in zee is verzonken. Stilaan verwijderde het passagiersschip zich van de kaap, en Macinaggio was nog maar moeilijk te onderscheiden zonder kijker. Het laatste vissershaventje aan deze kant van Cap Corse.

Een kwartiertje later zagen we de hoge sombere bergruggen van het uiteinde van Corsica vervagen. Zwijgend keken we ernaar, tot Thomas mompelde: over zeven uur lopen we Genua binnen. Stop sea pollution stond daar op de havenmuur in reuzenletters, herinnerde ik mij.

S. Montag

Châlons

Zoals ik zelf mocht vaststellen: de weg van Koblenz naar Parijs is langer dan je denkt tenzij je eraan gewend bent om West-Europa in de breedte te bereizen.

In de buurt van Châlons-sur-Marne was het zo donker geworden als ik het in geen jaren had gezien terwijl de motregen in een wolkbreuk was veranderd. Als vanzelf gingen mijn gedachten weer naar de soldaten, die elkaar in deze buurten vier jaar lang naar het leven hebben gestaan, weer of geen weer.

Dat heeft niets te maken met de zogenaamde 'nostalgie', die weerzinwekkende beweging waardoor de mensen ertoe komen, bij alles van vroeger een brok in de keel te krijgen en iedere prul van langer dan tien jaar geleden te koesteren als ik weet niet wat. Nee. 't Is enerzijds een geconditioneerde reflex, veroorzaakt door het feit dat tot mijn vroegste lectuur een aantal ingebonden jaargangen van *De Prins der geïllustreerde bladen* uit de Eerste Wereldoorlog hoorde. En anderzijds komt het door wat Barbusse en Céline over het verblijf te velde hebben geschreven, dat wil zeggen, over het dagelijks leven van die vechtende lastdieren.

Bij Châlons denk ik aan grijze foto's van een stukgeschoten station, een verwoest rangeerterrein en hier en daar een losse gesneuvelde met zijn gezicht op de grond. Maar nu bleek het stadje weer een en al bruisend leven te zijn. Er was daar een soort jaarbeurs aan de gang, ter gelegenheid waarvan op verscheidene pleinen de vlaggen van de Europese naties waren gehesen. Onze driekleur hing ondersteboven, maar het deed me toch goed te zien dat we niet waren vergeten.

Ik vond er ook een hotel dat van binnen heel ingewikkeld van structuur was. Je ziet dat vaak in Frankrijk, zo'n systeem van achtergangen, onverwachte zijdeuren, overloopjes en tussenkamertjes die bijna niet zijn terug te vinden nadat je je koffer daar ergens hebt neergezet. Het komt misschien doordat menig Fransman behept is met, wat ik kortweg zal noemen, een gedomesticeerd imperialisme.

De Fransen bouwen om te beginnen graag een muur om hun huis, en als ze daartoe kans zien, kopen ze het huis van hun buurman en breken de muur door. Zodoende scheppen ze allerlei verrassingen. Ik denk dat ze diep in hun hart ook de bedoeling hebben, het een eventuele aanvaller zo moeilijk mogelijk te maken.

Een ommuurd labyrint, dat geeft een veilig gevoel en het doet de vijand de moed in de schoenen zinken.

Het was eind oktober toen ik in het voormalige frontstadje overnachtte. Onder zulke omstandigheden heb ik wel eens zin om een eenvoudige rekensom te maken. De wapenstilstand werd gesloten op 11 november 1918. Wie, zoals bij voorbeeld mijn vader, in 1914 twintig jaar was, had in de komende veertig jaar, bij leven en welzijn, twee grote oorlogen, één grote crisis en één kleine oorlog plus de afbraak van het Nederlandse imperium te goed, en daarna kwamen er nog een paar langzame omwentelingen op politiek en technisch gebied, waardoor de wereld opnieuw grondig veranderde. Het moet die generatie wel eens geduizeld hebben, en het valt me altijd mee dat al diegenen die daartoe horen, geen kluizenaars of zonderlingen zijn geworden.

Wie in 1940 twintig was, heeft in de volgende veertig jaar in ieder geval één grote oorlog meegemaakt plus alle naslepen die ik hierboven heb opgenoemd.

Maar de generatie die omstreeks 1935 is geboren heeft, als we het van het standpunt van de wereldgeschiedenis bekijken, een heel magere ervaring, en als het zo doorgaat, zullen degenen die in 1985 veertig worden, vergelijkenderwijs helemaal niets meer hebben om aan hun kinderen te vertellen. Dat is maar goed ook.

Grote menigtes, opgepakte massa's, pleinen vol mensen: die komen ook nog maar zelden voor in onze contreien. Omstreeks 1935 heb ik met mijn ouders op 11 november tussen misschien wel tienduizend andere mensen bij de Cenotaaf in Londen gestaan. Het was geen pretje in het begin, maar alles werd goedgemaakt toen plotseling iedereen z'n mond hield en het doodstil werd. Ergens in een huis begon een klokje te slaan, een gewone huiskamerpendule op een schoorsteen, stelde ik me voor.

De menigte, de stilte en misschien ook die pendule – alles ter ere van de 'gevallenen'. Omstreeks die tijd was juist Remarques *Van het Westelijk front geen nieuws* verfilmd. Ik liet me vertellen dat de held op de laatste dag van de oorlog sneuvelde terwijl hij boven de borstwering van de loopgraaf reikte om een vlindertje te vangen.

Ook al geen zinrijke dood, of liever gezegd, even zinloos als het einde van de miljoenen zou zijn die straks mogelijkerwijs in een of andere kernexplosie zouden worden geroosterd.

Maar ik wil hier geen actuele zijwegen bewandelen, die me nog in conflict met het beleid van de Westelijke wereld zouden kunnen brengen. Het ging me er alleen om, te beschrijven hoe ik in Châlons-sur-Marne terechtkwam en daar op het nippertje toch nog een heel behoorlijk hotel vond, dat ook al weer, zoals je dat in Frankrijk vaak aantreft, werd beheerd door een magere, zeer parate en energieke dame van middelbare leeftijd, een markante vertegenwoordigster van het Franse matriarchaat.

Terwijl ik mijn best deed, het grootste respect voor haar aan de dag te leggen, volgde ik haar, eerst een trapje op, daarna door een ruime feestzaal, weer een trapje op en toen een smalle, bochtige gang in. Die kwam uit op een wat eigenaardig in zijn hengsels hangende deur, en daarachter was mijn kamer, een langwerpige, donkerrood behangen spelonk.

Ik sliep er lekker, in m'n droom alle bestierders van ons werelddeel prijzend dat het nog geen oorlog was.

Michel van der Plas

Zomer in Parijs

Wie in de maand augustus voor het eerst van zijn leven in Parijs zou komen, zou de indruk kunnen krijgen dat deze stad bewoond wordt door een merkwaardig slag mensen; een bevolking die van vroeg tot laat kaartlezende de straten en pleinen doorloopt, blijkbaar voortdurend op zoek naar de richting, de juiste weg. Rijkelijk overheersend in het stadsbeeld is deze maand de toerist, diep gebogen over stadsplan, metroplattegrond, guide, Führer, gids. Het is een slag mensen met een onverzadigbare honger naar cultuur, een volk onderweg naar monumenten en musea. Dat zou wel eens mede veroorzaakt kunnen worden door het feit dat de normaler honger, die naar lichamelijk voedsel, moeilijker bevredigd kan worden, nu vele tientallen restaurateurs hun 'fermeture annuelle' in ere houden en elders in den lande gaan proeven wat hun collega's ervan bakken. De enige soort van file en opstopping in het Parijs van de maand augustus komt maar voor bij kunstverzamelingen en historische gedenktekens. De vreemdeling die nu met de stad kennismaakt krijgt een bedrieglijke indruk van de normale verkeerssituatie. Hoe gemakkelijk en soepel vloeit het aanbod aan auto's en bussen over de boulevards en avenues; hoe ruim schijnen de perrons en treinen in de ondergrondse; hoe voortreffelijk zijn de parkeermogelijkheden.

Parijs in augustus is een stad die praktisch in de steek gelaten wordt door haar normale bezetting. Ik weet niet wat de officiële cijfers zijn, maar het lijkt nauwelijks overdreven dat driekwart van de bevolking de benen heeft genomen, richting elders. Zo wil dat nu eenmaal een heel oude traditie, ook al is misschien al honderden keren vastgesteld dat augustus helemaal niet de mooiste zomermaand is, of dat vakantiespreiding ook misschien wel voor het Franse gedeelte van de mensheid enige voordelen zou kunnen opleveren. Daardoor is Parijs in augustus eigenlijk nooit Parijs, want een stad waar de inheemse bevolking in ontbreekt wordt een andere wereld.

Dat heeft aangename kanten. Een paar zijn er al genoemd. Er is ruimte, bewegingsvrijheid, men kan haast ongestoord circuleren, men heeft een onverwacht weids zicht op perspectieven in het stadsbeeld, men wordt niet opzij geduwd in winkels, men wordt niet bedreigd met waarschuwingen en bonnen, men kan zelfs zonder gevaar voor zijn leven de Place de la Concorde oversteken. Als ik zelf Parijzenaar was, ging ik nooit in augustus met vakantie.

Parijs in augustus is ook een zeldzaam propere stad. De enige stadsdienst welke het klaarblijkelijk verboden is in die maand vakantie op te nemen is de stadsreiniging. Alles glimt. Nergens ligt er ook maar een papiertje op straat; en de poetsers en boeners in de metro lijken de banken en trappen te strelen in plaats van te bewerken. Parijs in augustus is vlekkeloos, je kunt er van de stoep eten, en dat valt nog meer op wanneer je vertrokken bent uit Amsterdam, de smerigste hoofdstad van het oostelijk halfrond.

Er zijn ook een paar nadelen. Ook de neringdoenden van de stad zijn voor driekwart vertrokken. Het is les grandes vacances geblazen tijdens août, vooral bij de kleine ondernemers, die allemaal in hun 'petite propriété' zitten ten plattelande, met hun 'chien très méchant'. De warenhuizen zijn wel wijzer, in verband met de koopkracht der vreemdelingen. Maar de petits commerçants hebben de luiken neergelaten, en de keus voor wie iets aardigs mee wil nemen, is dus strikt beperkt. Dat geldt ook, zoals gezegd, in de horeca. Er is niet zozeer een nijpend gebrek aan terrasjes als wel aan toegankelijke eethuisjes met een zekere faam. Het is niet voor niets dat de kranten en gidsen als die van de heren Gault et Millau lijsten publiceren van de eetgelegenheden, die *geopend* zijn, in deze maand, en dat zijn dan niet alleen echt uitzonderingen, maar ook, vermoedelijk, precies die zaken, die tijdens de overige elf maanden van het jaar weinig aantrekkingskracht vermogen uit te oefenen op grond van hun cuisine. Al wil ik daar ook weer niet mee zeggen dat men gedurende deze weken hier honger zou moeten lijden of slechts choucroute en andouillettes zou kunnen verkrijgen. Wel mist men veelal de gelegenheid aan aangrenzende tafeltjes iets te leren van de keuzetechniek en eetgewoonten van de Parijzenaar en, daardoor, de door sommigen terecht aangegrepen mogelijkheid om, in stee van hun toevlucht te moeten nemen tot de kaart, de ober te kunnen wijzen op een ander, verleidelijk ogend vol bord, met de simpele tekst: 'Ça.' (*Wordt* het dan 'tripes', dan is dat nog geen ramp, want wat niet weet dat niet deert.) Van de in de stad achtergebleven garçons wordt intussen veel geduld gevergd. In het etablissement waar ik zit te schrijven, zie ik net een ober voor de zesde keer in een half uur uitleggen, dat men voor het drinken van een cola bij het eten van een sandwich jambon niet zozeer in het restaurantgedeelte van de zaak welkom is als, veeleer, in de omgeving van het terras. Hij blijft overigens kalm.

Maar wie tot elke prijs één keer in zijn leven in Maxim's gedineerd wil hebben, ziet nu zijn kans vrijwel schoon; in augustus is er vast wel een keer plaats.

Maar een van de rijkste uren in het Parijs van de maand augustus valt toch wel te beleven in de schilderijenafdeling van het Louvre, althans in de galerij waar de Mona Lisa is opgehangen. De enige plek in de stad waar het in deze tijd van het jaar zo mogelijk nog waanzinniger druk is dan anders bevindt zich hier. Ik wil niet zeggen dat de mevrouw zonder armen die als Venus van Milo bekend staat, nu stille weken zou beleven, maar bij haar breekt er tenminste geen pandemonium uit. Nu moet ik een diep vernederende bekentenis afleggen: ik heb nooit ingezien waarom de Mona Lisa het beroemdste schilderij van de wereld is, nog beroemder dan de Nachtwacht (waarvan ik het – o schande – ook niet ten volle begrijp, al is het dan wel duidelijk omvangrijk). Waar ik nog benieuwder naar ben is naar wat er nu werkelijk omgaat in al die drommen die elkaar ervoor staan te verdringen en zich daarbij niet ontzien elkaar onheus te bejegenen. Hebben zij oog voor 'het nieuwe schoonheidsideaal' dat hier volgens de kenners uitgebeeld zou zijn in 'de statige verschijning en de ronde vorm van de geportretteerde'? Zoeken zij de bevestiging van hun vermoeden dat 'het modelé van gelaat en handen tot stand gebracht is door uitermate subtiele nuanceringen van licht naar schaduw' en dat 'het kleurengamma gedempt en voornaam' is? Ik *wil* het wel geloven, maar ik *kan* het niet.

De horden uit aller heren landen verenigen zich hier in een onwezenlijk gedrang voor iets waarover hun is voorgehouden dat zij dit mooi, nee, prachtig, uniek *moeten* vinden anders tellen zij niet meer mee; anders mogen ze zelfs niet volhouden dat ze in Parijs zijn geweest. Zou van de ene op de andere dag aan deze mensen verteld worden dat het beroemdste schilderij ter wereld veeleer dat is met die koe, van Rembrandt, dan stonden ze *daar* elkaar nu op de tenen te trappen. Ik had me voorgenomen nog eens te gaan kijken of die befaamde glimlach me nu eindelijk als een beheksend mysterie zou overkomen, maar dat plan gaf ik maar op, toen ik de massa's eromheen zag. Ik dacht nog even aan een regel, ooit door Eddy Christiani gloedvol gezongen: 'Ik heb de Mona Lisa ook gezien' en de daaraan toegevoegde verzekering dat het weliswaar een verdienstelijk doek is, doch dat 'jij mijn lieveling in feite het *mooiste* schilderij bent en blijft'. Maar Eddy was indertijd, om die vergelijking te kunnen maken, tenminste nog tot het portret in kwestie kunnen doordringen. Ik blies nu maar snel de aftocht, me enerzijds verbazend over het aantal wereldburgers dat kennelijk geboeid is door de toepassing van het 'chiaroscuro' en 'sfumato' van de oude meester uit Vinci, en me anderzijds verheugend op de ruimte, de stilte, de doorzichtigheid, honderd meter van het Louvre vandaan, van het onbekende Parijs in augustus.

Henk Spaan

Douanier

Waar komen de onaangenaamste karaktertrekken en hebbelijkheden die de mens kan voortbrengen te zamen? In de Franse douanier. De Franse douanier drukt je elke keer dat je hem, met moeite, bent voorbijgestoken, weer met je neus op het feit dat met de dood van Hitler heus de slechtheid niet uit de wereld was. Daarom is het goed dat de Franse douanier er is. Met heel zijn wezen laat hij ons zien dat het altijd slechter kan. Dat het oppassen is voor de mens.

Wanneer hij naderbij komt, zijn Duitse herder rukkend aan de lijn, aai ik liever de hond dan de douanier. Terwijl ik aan honden een broertje dood heb. Toch prefereer ik bouvier boven Franse douanier.

Ooit heb ik eens een grapje gemaakt tegen een Franse douanier. Onze auto werd besnuffeld door een hasj-hond.

'U mag wel uitkijken dat hij niet aan de hard drugs raakt,' zei ik. De hond reageerde niet. Zijn baas keek of hij me ging aanvliegen.

Na een kort verblijf in België reden we door de Ardennen op weg naar de Franse grens. Ik genoot van het landschap waaraan de druilige regen geen afbreuk kon doen. De Ardennen hadden een heel offensief overleefd, zij waren niet bang voor een buitje. Juist stelde ik me voor hoe ze zich zelfs van de inslag van een driekoppige SS-20 raket zouden herstellen, toen we stuitten op de grens en op hem die haar bewaakte.

Natuurlijk moest de auto aan de kant. Natuurlijk werden de paspoorten zeer nadrukkelijk bestudeerd.

'U reist veel, hè,' luidde de eerste insinuatie. En natuurlijk moesten de koffers open. Als je één kik van woede laat blijken, slopen ze je hele auto.

Ofschoon liberaal van opvatting, vervloekte ik de progressieve provincialen met hun gedateerde Kokerjuffers die van elke Nederlander zonder stropdas een mogelijke drugsmokkelaar hebben gemaakt. Zeker in het oog van de Franse douanier, die zijn hond overtreft in het hijgerig jagen op het spul.

We moesten het arrestantenhok in om te worden gefouilleerd. Dat was me nog niet eerder overkomen. Mitterrand eiste van zijn douaniers een nóg grotere punktlichkeit.

Al snel had de speurneus mijn valium te pakken Zijn ogen straalden. Een verdacht buisje.

'Medicijnen,' zie ik. Een vergelijking van de naam op het etiket met die in mijn paspoort, sloeg zijn hoop de bodem in. Nadat hij mijn scheerapparaat en de föhn van mijn vrouw op hun werking had beproefd, moest hij ons grommend laten gaan.

Cees Nooteboom

Bréhat

[Bretagne, juli 1966] Op een middag ben ik met het bootje naar Bréhat gegaan. Erheen varend, kijkend naar die huizen die ik elke dag vanuit de ramen van mijn hotel had gezien als schimmen, en die nu groter werden en werkelijke huizen dacht ik aan wat Pavese zegt in een van zijn romans, dat elk huis, elk erf, elk terras iets voor iemand betekend moet hebben – en dat de gedachte aan zoveel vervlogen leven, zoveel in de leegte van de nacht zonder een spoor verdwenen herinneringen eigenlijk verdrietiger is dan de dood zelf. Toen ik aankwam begon het zachtjes te regenen. Er waren erg veel bloemen en zelfs palmen en hoge, volle zomerse bomen, het hele eiland heeft iets weelderigs en niet van het noorden, het is er stil, wat wind, de zee, geen auto's, en er wordt een stil leven geleid. Ik liep het eiland over, verdwaalde, zag drie nonnen in het wit naar een boom zwaaien, liep door toch ineens kaal, Schots land naar de punt waar schapen stonden te schreeuwen tegen de zee en de zee zwart water omhoogsmeet tegen een gele rots met een lege vuurtoren.

Op het kerkhof was het stiller. Zoals altijd in zulke kleine, besloten gemeenschappen was iedereen familie van elkaar, ze lagen ook ingewikkeld bij elkaar in de graven die trouwens allemaal door vader en later door zoon le Meur gebeiteld waren, het kostte een hele tijd om alles uit te zoeken. Clémence Lehegarat en Aristide le Gall leefden elk maar een paar dagen, maar degenen die daar verdriet over gehad hadden waren er ook al niet meer, want het was in een andere eeuw. En wat is er nog over van de herinnering aan luitenant Charles Guyomard, *verdwenen* op 25 april 1918 te Hanovard en Sancerre op de leeftijd van achtentwintig jaar. Zou nu zesenzeventig geweest zijn, drie jaar ouder dan de Gaulle. En als ik daar nu eens gelezen had luitenant Charles de Gaulle, hoe zou de wereld er dan uitzien? En is dat nu het veelbesproken lot? Veel minder beroemd dan Henri ligt er trouwens, tegen de muur van de kerk, uit de wind, Auguste Matisse 1866-1931, schilder van het departement van marine, wat dat dan ook geweest mag zijn, en lid van maatschappij van Franse schilders, en zijn zoon Eric ligt erbij, gefusilleerd door de Duitsers op 1 augustus 1942. 'Stilte,' staat erachter, 'hij rust!' De Duitsers hebben er trouwens meer sporen nagelaten, zoals overal in Frankrijk, waar het een zoveel meer pathetisch accent krijgt door de herhaling. Al die waanzinnige monumenten van '70, van '14-'18, de opstellingen met wapperende vlaggen, volle Franse maagden, heldhaftige groeperingen, met daaronder steeds onversierd, de koude afrekening, de boekhouding van de dood. Ook hier, op dit minieme eiland was er geen ontsnappen aan, en omdat het allemaal zeelui waren wordt het reliëf in het kerkportaal een stuk oorlogsgeschiedenis: 'zij zijn het heil geweest' staat erboven, en dat betekent dat ze gesneuveld zijn in België, op de zeeën van China, in

Diksmuide, bij de Dardanellen, op de Noordzee, op Korfoe, in Tahure, Verdun. Een huilende moeder, dezelfde van altijd, staat bij het kruis, maar wat waart er hier nog van rond, nu, veertig jaar later, van die afgrijselijke dode met zijn veel meer dan miljoen hoofden, waarvan dit maar één afrekening is, een stenen bladzij op de muur geplakt, waarop ik namen lees, elke naam een onzichtbare oude man.

Rik Zaal

Villeneuve sluit om acht uur

Of we de kamer wilden zien? Dat wilden we en de waardin ging ons voor. Via een brede houten trap met uitgesleten en verzakte treden, bereikten we een statige overloop. Over de krakende houten vloer, waarop links en rechts antieke dekenkisten, dressoirs, paardehoofdstellen en koperen akers ten toon stonden, kwamen we bij een deur die naar buiten leidde en o, wat een prachtige met bloembakken versierde loopbrug bevond zich daarachter. Hij keek uit op een binnenplaats die ons met zijn grote stenen bloempotten en zijn smeedijzeren meubilair uitnodigde er zo snel mogelijk in zijn heerlijke schaduw een aperitief te komen drinken, en hij ging naar de deur die toegang verschafte tot de dependance van het hotel.

Weer een brede gang vol prachtige, rustieke bombarie leidde ons naar kamer vijftien. De waardin opende de deur en het hout veranderde in nylon vloerbedekking, de stenen in bloemetjesbehang en het aardige plattelandsmilieu in de terneerdrukkende atmosfeer van een typisch Franse hotelkamer. Ik liep naar het grand lit en voelde, met mijn handen op het matras duwend, hoe het met de veerkracht van het bed was gesteld. De ervaring leert dat vrijwel alle tweepersoonsbedden in het land van de liefde zo slap zijn dat de verwende ruggen van niet-Fransen er pijn van gaan doen en je, hoe ongezellig ook, beter een kamer met lits-jumeaux kunt vragen.

Ook dit bed leek me niet aangenaam om een hele nacht in door te brengen, maar voordat ik iets had kunnen zeggen, was de waardin woedend op me toegestapt, roepende en tierende dat ze zoiets nog nooit had meegemaakt, dat haar bedden niet zomaar door iedereen aangeraakt mochten worden, dat ze bovendien van de allerbeste kwaliteit waren, dat het een schande was dat ik aan haar bed had durven voelen en of dat zo de gewoonte was in dat belachelijke land waar ik vandaan kwam. Welnu, schreeuwde ik toen maar in mijn slechtste Frans terug, dat het toch zeer wel bekend was en dat onderzoeken van artsen hadden uitgewezen dat negentig procent van de bedden in Franse hotels rugklachten opleverden en dat het juist een schande was dat zij ook zo'n antieke trampoline in haar hotelkamer had staan en dat het bovendien ook maar eens afgelopen moest zijn met dat godvergeten Frankrijk waar de waard koning is en de klant de lul. Waarna we de kamer en het hotel woedend verlieten.

Hoe woedend ook, ik had gelijk. Het is in Frankrijk inderdaad gebruikelijk dat de gast zich aanpast aan de gebruiken van de gastheer, hetgeen in de Franse horeca leidt tot een omgekeerde wereld die de Fransman graag een wereld van cultuur noemt. Kom je om half tien moe aan in een hotel en wil je nog wat eten, dan word je uitgelachen; de gasten zijn al aan hun dessert bezig, dat ziet meneer toch wel? Dan alleen maar een dessert, wat kaas, wat brood en wat wijn misschien, als dat zou kunnen. Tja, het is een heel gedoe, maar vooruit dan maar, en ergens in een hoekje van de bar wordt een formica tafeltje ontruimd. Meneer moet goed begrijpen dat het voor hen morgen vroeg dag is en of hij de kaas een beetje snel wil eten, want om tien uur wilden ze graag naar bed.

Duizenden hotels zijn er zo in Frankrijk. Kamerprijzen beneden de tweehonderd francs, niet duur dus, een vermelding in de Michelingids, vaak een uitstekende keuken en verder alles verkeerd. Hotel France in Villeneuve.

Villeneuve heeft bijvoorbeeld 6757 inwoners en een detailkaartje in de Michelingids. Een ideale afstapplaats. Hotel France heeft deze keer een rode R, hetgeen betekent dat je er lekker kunt eten voor weinig geld. En wat blijkt? Voor zestig francs, zo'n twintig gulden, krijg ik een menu bestaande uit een heerlijke pâté van gevogelte, een exquise ham in Chablissaus en een sinaasappelmousse toe. Daarbij wordt een heel goede cuvée de la maison geserveerd voor veertig francs. Bij de koffie chocolaatjes en koekjes en een aan tafel gefrappeerd glas met eau de vie.

Het is tien uur, het buikje is rond, de mens is tevreden, maar wie kijken ons nu streng de eetzaal uit? Het zijn de diensters die alle tafels alweer voor de lunch van morgen hebben gedekt en wachten op onze tafel, de laatste. We moeten maar eens een eindje gaan wandelen, en we krijgen de sleutel mee van onze kamer en van het hotel. De waardin, de waard, de kok en de diensters gaan allemaal slapen, want het is morgen weer vroeg dag.

Via de Rue des Capucins, waar restaurant Grande Chaumière zijn laatste gasten ook de straat op stuurt, bereiken we de Place de la Halle. Het is stil op de Place de la Halle. We lopen verder naar de Place du Général Leclerc. Het is stil op de Place du Général Leclerc. De grote Bar Tabac, waar ze volgens een bordje de hele dag Assiettes Anglaises serveren, is dicht. We lopen naar de hoofdstraat, de Grande Rue. Het is stil in de Grande Rue. Tegen een bankje staan twee brommers, op de leuning van het bankje zitten vier jongens. Of er nog iets open is in Villeneuve, vragen we. Nee, zeggen de jongens, Villeneuve sluit om acht uur. Als ik ongelovig kijk, zeggen de jongens dat het echt waar is; alleen de restaurants zijn na acht uur open. Wat ze dan de hele avond doen, vraag ik. 'On s'ennuie,' zeggen ze grimmig. 'On est perdu.' En inderdaad, alleen de verveling voelt zich hier thuis, de mens lijkt hier verloren.

Tegen elf uur zijn we terug bij het hotel. Iedereen is daar al naar bed. Alleen in de hal brandt een klein lampje. In het bidet hadden we een paar flesjes bier in het water gelegd. Halfkoud zijn die nog net te drinken bij een spelletje Yahtzee.

De dag begon voornamelijk met wakker worden; steeds maar weer wakker worden, want Hotel France in Villeneuve is er geheel en al op ingericht om wakker te worden. Het was vijf uur en ik hoorde mannenstemmen, een krakende trap en het geluid van stromend water. Dat moest een vergissing zijn. Ik viel weer in slaap. Daarna werd ik om de minuut wakker van nog meer mannenstemmen, nog meer trapgekraak en nog meer stromend water. Ik stapte van het bed af, waardoor mijn vrouw zo hard omhoogveerde dat zij verschrikt haar ogen opende en 'waar ben ik?' zei, ik trok mijn kamerjas aan en ging de trap op naar boven. Daar was een gang met vijf deuren. Drie ervan stonden op een kier, achter elke deur was een Franse man aan het opstaan. Dat ging met veel lawaai, met een dikke rook van Gitanes en met schreeuwende stemmen die door de open deuren ergens in de gang op elkaar botsten.

Na mijn slaperige verbazing te hebben weggeslikt, klopte ik op een van de deuren. Daar verscheen een Franse man. Hij had een camelkleurige broek aan zijn korte beentjes, een donkerblauw truitje met drie knoopjes om zijn kleine borstje, hij was op blote voeten, had kletsnatte peper-en-zoutkleurige haren en stonk naar aftershave van het merk Old Spice. Of hij misschien iets zachter zou willen opstaan, vroeg ik hem. Toen ging zijn pas geschoren kinnetje naar beneden en hoorde ik iets van: 'Mais jon ne mon ne plus ne con ne pah de tah ne cou de bou de plah.' Ik zei nog iets als: 'Ik versta niet graag snel Frans' of iets anders fouts, want toen ging hij opeens vreselijk gebaren met zijn kleine handjes, er ook nog wat bij Neanderthalen van 'que'est ce que c'est que ce bah de lah pah de ma mah,' waarop nog twee vrijwel net zo aangeklede Franse mannen in de andere deuropeningen verschenen en tegen mij zeiden dat ik dan wel wilde slapen misschien, maar dat zij toch moesten werken en dat ik misschien wel wilde slapen, maar dat zij toch moesten werken, en dat zeiden ze toen nog een paar keer.

Ik ging maar weer naar beneden, kroop op de trampoline, waardoor mijn vrouw met de vraag 'waar ben ik?' omhoogschoot, en sliep van elke vijf minuten een. Er werden nog een stuk of tien Franse mannen wakker die allemaal hard kraakten op de houten vloer, flink het water lieten stromen en hard de trap afliepen langs mijn kamer om te gaan ontbijten in het barretje dat op enkele meters afstand van mijn slaapplaats goed te herkennen was aan een sissende espressomachine, een liedjes spelende gokautomaat en een boormachine die voorkomende werkzaamheden verrichtte.

Om half acht was het eindelijk rustig. Ik viel in slaap. Toen het kamermeisje een half uur later de deur openmorrelde en met haar stofzuiger binnenstommelde, liet ik mijn ochtendhumeur definitief de vrije loop. Zelden heb ik iemand in slecht Frans zo de huid vol gescholden als dit kamermeisje. Dit oliedomme ding, dat voor het eerst een man zag die om acht uur 's ochtends nog in bed lag, ging in haar slechtste Frans uitleggen dat ze helemaal niet dom was, maar dat het zo de gewoonte was in Franse hotels om de kamers schoon te maken, omdat ze anders vies zouden blijven, dus dat het juist heel goed was dat zij er was, of zoiets. Toen ze eindelijk de kamer had verlaten, ging ze op de gang lopen zingen.

Toen ben ik ook maar opgestaan. Ik ben thee gaan zetten, want zoals bekend moet je in Franse hotels altijd een theepotje, een dompelaar en thee bij je hebben, omdat de Fransen de vieste theezakjes ter wereld in water van 60°C stoppen en dat dan als thee verkopen, en toen werd het gelukkig toch nog gezellig.

Bij het afrekenen vroeg ik aan de baas of hij het gewoon vond dat hotelgasten om vijf uur opstonden. Eh bien, ik moest namelijk weten dat die mannen al heel vroeg moesten werken. Hij kende zelfs iemand in de buurt en die stond al om drie uur op omdat hij om zes uur op de fabriek moest zijn. Ik moest namelijk weten dat er hier in de buurt een grote melkfabriek was.

Jawel, zei ik, maar ik heb het nu over die mannen van vannacht; die werken vast niet op de fabriek. Eh bien, welnee, natuurlijk niet, dan zouden ze toch niet in dit hotel slapen, dat begreep ik toch wel?

Precies, zei ik, wat voor werk zouden al die mannen dan wel doen dat ze al om vijf uur op moesten? Tja, dat wist de patron ook niet, maar dat ze naar hun werk moesten, dat was zeker.

Snel zijn we toen in de auto gestapt, de enige consequentie trekkend die de Fransen je laten: wegwezen.

Renate Rubinstein

Parijs

Franse chansonniers en chansonnières hebben vier onderwerpen: de liefde, de dood, katten en Parijs. Geen wonder, denk je als je de stad na lange afwezigheid met nieuwe ogen op een fundament van oude herinnering terugziet: Parijs is het grootste kunstwerk dat de mensheid voortgebracht heeft. Parijs bewijst dat kunst weliswaar geen nut heeft, maar desondanks niet uitsluitend en altijd het werk van één individu is: kunst kan collectief zijn. Niet voortgesproten uit het idee van één persoon, maar het produkt van vele individuen die een opvatting delen. De opvatting: stad, de opvatting: civilisatie.

Er zijn veel musea in de stad en collecties en tentoonstellingen. Ik heb er een paar bezichtigd want dat hoort erbij, je school, je conventies, jezelf kortom, verlangen dat. Maar mijn grootste vreugde was het niet. Het echte kunstwerk ligt buiten de musea, op de pleinen en de boulevards, langs de Seine, in de parken en op de markten, van nabij en uit de verte steeds te bezichtigen vanaf de talloze caféterrassen achter gefrappeerde café of gepresseerde citron. De huizen, de daken, de ramen, de luiken, de balkons, de schoorstenen, de hekken, de roosters, de platanen, het beige, het roze en het grijs – alles is mooi. En de mensen, de Franse en de buitenlandse, de oude en de jonge, de sjieke, de sjofele, de artistieke en de amoureuze. Twee seksen telt Parijs en in alle leeftijden spotten, flirten en kussen ze met elkaar – Parijs is de heteroseksueelste stad van Europa.

's Avonds komen de potsenmakers. En ook die zijn ouderwets. De geëngageerde kunst mag dan een Parijse vinding geweest zijn, tot de straatkunst is hij goddank niet doorgedrongen. De burger wordt door deze pretentieloze kunstenaars niet geëpateerd maar geamuseerd. Geen vormingstoneel, geen agitprop, geen rijkssubsidies voor het bewustmakingsproces. En vooral ook: geen microfoons. Men zingt en speelt hier nog geheel op eigen kracht. Een zangeres, die eruitziet alsof ze Thérèse heet, zingt zonder elektronische steun haar smartelijke lied tegen de huizen van de place de Fürstenberg op. Ze is blond maar niet jong, ze heeft veel liefdesverdriet gehad, haar stem is een beetje gebarsten. Na afloop gaat ze rond met een oude vilten hoed. Een jonge, baardige, waarschijnlijk Amerikaanse gitarist begeleidt een feeëriek café-crème-kleurig wezentje, gekleed in een lange zwarte rok, zwart jasje aan, zwarte hoge hoed op, zwart stokje in haar hand. Haar zwarte oude damesschoentjes blijken ijzerbeslag te hebben: ze begint te tapdansen. Mijn oude ideaal: de tapdans! Ze is nog heel jong, zeer buigzaam, zeer begaafd, het is een wonder dat ze nog geen ster is en op straat optreedt. Na elk nummer verkleedt ze zich bliksemsnel in lapjes die uit een koffertje komen. Het publiek dromt nu werkelijk om haar heen en applaudisseert. Haar hoed is hopelijk erg vol geraakt, ik heb er een munt van tien frank in gedaan, de grootste die ik nog over had. Want in het begin, als je nog niet weet wat kwaliteit is, geef je elke vals spelende klarinettist of saaie Caribische sambazanger een beloning voor prestaties die je eigenlijk geen genoegen verschaften en alleen het gesprek verstoorden. Dat is, denk ik, het Nederlandse: je beloont een prestatie om het feit van de prestatie, je gaat subsidiërend door het leven, je moet er even aan wennen dat er competitie is en je het recht hebt om heel egoïstisch alleen dat te belonen wat je mooi vond.

Wat frappeert is niet zozeer het pittoreske als wel het beschaafde. Als het warm weer is ontbloot men zich in Parijs niet zoals dat in Amsterdam de gewoonte geworden is en als men per ongeluk met heup of elleboog een onbekende aanraakt, excuseert men zich. Gekker nog: de telefooncellen in Parijs zijn van zuiver glas, ze zitten zelfs niet in sponningen van metaal. Toch zijn ze heel en de telefoons werken. Je gelooft je ogen niet. Hoe kan dat? Zo'n cel zou in Amsterdam geen dag standhouden. Ook de bushaltes zijn door glas omhuld. Zelfs de parkeermeters doen het. Hoe is het mogelijk in zo'n grote stad met zo'n individualistische bevolking.

Ook de straten zijn schoon. Hoe dat nou weer kan? Het antwoord is heel eenvoudig: ze worden elke dag gewassen. Door de rue Jacob reden elke ochtend drie spuitwagens en de derde werd begeleid door mannen met tuinslangen die ook het laatste vuil uit de kleinste hoekjes wegspoelden. Toch hoorde je altijd dat de Parijzenaar het niet zo nauw neemt met de hygiëne en je bij de Hollander, calvinist nietwaar, van de straat kon eten. Maar precies het omgekeerde is waar. Twee maanden geleden werd de straat waarin ik woon ineens drastisch schoongeveegd en nagespoeld. Politie kwam eraan te pas, auto's moesten verplaatst en na afloop kregen we allemaal een brief van de gemeente in de bus. De strekking was opvoedend: dit heeft de gemeente vandaag voor u gedaan, houdt u alstublieft nu verder de straat schoon. Wat een service vonden we dat, de straat was echt even onder de indruk. Eén keer per jaar doet de gemeente dat toch maar voor je!

Maar in Parijs doen ze het elke dag en niet één keer maar drie keer, zodat de straat des ochtends vroeg bij heldere blauwe lucht blinkt alsof het geregend had. Misschien zijn bij ons de sociale voorzieningen wel beter dan in Frankrijk, dat kan zijn. Maar dat de boel heel is en de straten schoon, is dat niet ook een sociale voorziening? Het is zoiets als mooi weer, het verbetert de kwaliteit van ieders bestaan. Zou de gemeente Parijs per hoofd van de bevolking rijker zijn dan de gemeente Amsterdam? Ik geloof er niets van. Zo arm zijn we eigenlijk niet. Om de zoveel jaar krijgen we ineens een ander model tram, een nieuw model brievenbus, een groter formaat giroboek met enveloppen, een nieuw gemeentemerk, een gestroomlijnder stadswapen. Ik heb het altijd zonde van het geld gevonden. Ik zie veel liever een schone straat dan een nieuwe tram die nog lelijker is dan de vorige nieuwe. Ons gemeentebestuur heeft heel andere opvattingen van wat leuk is voor de mensen dan het Parijse.

Ik heb maar één heel klein graffitietje op een muur in Parijs gezien. Wordt er daar gekraakt en trekt de kraakbeweging standbeelden van sokkels?

Vliegen er met de regelmaat van de klok stenen door de ruiten van ambassades? Ik denk het niet. Ik denk dat de Parijzenaars het raar zouden vinden als de prinsemarij dan niet zou optreden. De politie is daar vast en zeker niet je beste vriend en wil er ook niet voor doorgaan. De verhoudingen zowel als de straten zijn er helderder.

En toch is het een democratie daar. De sfeer is internationaal, de mensen zijn van alle rassen en religies, de kranten uit alle politieke richtingen en landen, de verkiezingen zijn vrij, de foto's van het staatshoofd zijn bescheiden of afwezig, de Franse natie bedreigt geen andere naties, je mag het land in en je mag er ook weer uit. Niet verloederd, toch geen politiestaat, dat is het wonder van Parijs.

Kortom: I have seen civilisation and it still works.

Henk Romijn Meijer

De eerste foto van het album

Al voordat we tot stilstaan zijn gekomen buiten de muur om het erf wil Knecht naar buiten, weg van de warmte van de achterbank van de auto die stank betekent voor hem, hoe voorgoed hij zijn gevoelige jaren ook achter zich heeft gelaten. Springen doet hij stram en voorzichtig. Stijf als een oud-strijder loopt hij naar de poort en snuffelt binnen de muur gezaghebbend aan de kurkdroge grond. De zon van begin augustus trekt nog rafelige schaduwen in de holtes van het steen van de duiventil die vorig jaar al effen grijs was geworden toen we hier stopten, bij toeval. Het zal geen half uur meer duren, dan zijn ze weer grijs, de til, de boerderij erachter die een naam draagt als van een dorp: *La Fouille.*

'Knecht!'

Doof vooral wanneer doofheid hem zint houdt Knecht zich bij zo'n ondoorgrondelijke graspol die buiten de stad vermoeiend vaak op zijn weg ligt. Wat is zo geweldig aan grond waarop bijna niets groeit en alleen wat kippen naar voedsel zoeken? De geur van belofte op een langer leven? Een jaar geleden was hier geen hond om zijn grijzende lust een prikkel te geven en ook nu overstelpt het meervoudige blaffen ons niet van de boerderij waar je als klonk ongehoord bent. Knecht scharrelt verder in de zon op het erf waar een gespikkelde krielhaan zijn wandelpas onderbreekt om een scherp oog te richten op ongeveer in de buurt van de hond, het halsmechaniek afgeslagen, een poot van de grond in een stuip die de voet tot een klauw samentrekt. Verwante geesten ontvangen de boodschap. Stationair klokkend stellen ze zich op om bij de schijn van een teken van dreiging in een wervel van kippendrift op te stuiven, van het grote gevaar vandaan of pal er op af, net hoe de wind waait. Onbewust van de schrik die hij zaait komt Knecht bij de stoep van het woonhuis en benadert zijn neus de voet van een man die daar staat, zwaar en breed tegen het donker van het binnenhuis, zijn gewicht gelijk verdeeld over gespreide benen, zoals boeren staan kunnen, zo lang als ze willen. De rand van zijn lichtbeige hoed houdt zijn ogen in het donker.

Het is een oude man. Hij verroert zich niet wanneer we vergeefs roepend toenadering zoeken. Hij is even ontoegankelijk voor ons goedendag als Knecht voor bevelen. Het verbaast ons: het is tegen de aard van de streek. Verlegen grijpen we mis naar de hond die langs lastige benen de keuken in wil. Waar verdenkt hij ons van, dat hij de weg zo versperd houdt? Waarop hebben we het gemunt in de droefgeestige ogen die ons tussen vlezige leden zo strak in de gaten houden? Alles is bruin aan hem, zijn ruige corduroybroek en zijn jas, het wollen vest eronder en het werkhemd daaronder, de zonnewijzer van rimpels die van zijn ogen uitstraalt en de zwaardere groeven in zijn wangen en hals. Alleen de hoed blijft rebels graden lichter.

'We zijn gekomen om een foto te brengen.

Knecht! Kom hier!' Want nu wij bij de drempel staan verwijdt Knecht zijn neusgaten naar de donkerte van het interieur. We doen hem aan de lijn en trekken hem buiten de schaduw. Hij gromt van bejaarde ontstemming.

Het is dor en stil op de heuvel. Er gaat niets voorbij. Hoewel de grote weg zich dichtbij in twee bochten wringt waarbij politie bijna dagelijks een erewacht houdt, is het verkeer niet te horen.

'Een foto die we vorig jaar hebben genomen...'

Toen was hij er niet die ons zwijgend in verlegenheid brengt.

We nemen de foto uit de enveloppe, een vergroting van 18 x 24, en houden hem trots aan hem voor. Zonder ook maar iets in zijn houding te veranderen, steekt hij zijn hand uit en zet zijn bruine duim op de glans. Zijn ogen samenknijpend houdt hij de foto ver van zich af en werpt er een vluchtige blik op. Hij knikt even, zijn oogleden trillen. Dan neemt hij ons op uit een nevel van vochtige treurigheid.

Hij zegt: 'Wat kost dat?' Knecht trekt de riem strak naar de keuken.

'Hij kost niets. Hij is voor u. We hebben hem vorig jaar genomen. We hadden met uw vrouw gepraat over het huis en ze vroeg ons om binnen te komen. Ze heeft ons de stenen vloer laten zien in de keuken en de schoorsteen. Toen hebben we een foto van haar gemaakt en we hebben beloofd om er haar een te brengen.'

Hij knikt eenmaal.

'Maar niet,' zegt hij. Treurigheid verdringt de woorden die hij wil zeggen en die hij toch moeilijk zegt: 'Maar niet kort geleden.'

'Een jaar geleden. We hadden het huis toevallig gevonden. We vonden het mooi. Toen we binnen keken riep uw vrouw ons. Ze is erg aardig voor ons geweest.'

Hij heeft niet gehoord wat we zeggen.

'Want nu,' zegt hij. Een stijf gebaar neemt de plaats van wat weg is gevallen. 'Op het kerkhof,' zegt hij.

'We waren er bang voor toen we u zagen.' En na een stilte vragen we: 'Is ze lang ziek geweest?'

'Lang? Lang?' Hij tuurt naar de foto. 'Lang?' vraagt hij. 'Ik weet het niet. Wat bedoelt u? Twee maanden ongeveer.'

Hij brengt zijn hand naar zijn ogen en blijft onbeweeglijk staan. Kippen klokken in de stilte van het erf. We willen vertrekken, maar opeens zegt hij zakelijk: 'Goed. Komt u wat drinken,' en keert ons de rug toe.

Eindelijk mag Knecht de keuken in die hij vorig jaar onderzocht heeft. Alles is nog net zo. In de hoge schoorsteen staat opzij van het vuur nog de bank die daar hoort. Op de schoorsteenmantel de twee koperen olielampen glimmend gepoetst, de weegschaal met koperen schalen onder de steen waarin een kruis is gehakt en een jaartal: 1799. En in de nis in plaats van de oorspronkelijke Heilige Maagd een van de vroegste draadloze ontvangapparaten.

'Gaat u zitten,' zegt hij. 'Laat hem maar, laat hem maar. Hij kan hier geen kwaad.' Zijn reusachtige handen schuiven de bank voor ons achteruit van de tafel. Knecht scharrelt. De man schommelt zwaar ademend naar de kast van de wijn en zet de fles op de tafel waar al twee ronde broden liggen, vers van de bakker die de klim naar het huis blijkbaar nog de moeite vindt.

Zijn zware stappen hebben zijn droefheid verdreven. Zijn reserve ligt verstopt achter een vrolijke blik. Nu onze ogen gewend zijn aan het zoveel zwakkere licht in de keuken zien we pas goed hoe zwaar hij gebouwd is. Schouders zo breed als twee stadsmensen aan elkaar geklonken. Zwarte en grijze haren krullen op uit de open hals van zijn hemd aan de voet van een buik die de broek niet binnen kan houden. Bretels uit een degelijk verleden houden hem op, een broek van fabelachtige afmetingen, zoals je ze op markten nog tegen de winter te koop ziet, pijpen als gieters en een middel geknipt voor een walvis. Hij wast glazen en terwijl hij ze afdroogt horen we niets dan de rulle gang van zijn adem.

Hij gaat ons bedienen. Ondanks zijn gewicht is hij beweeglijk, lenig en vlug. Hij zet glazen voor ons en zichzelf neer, trekt de plastic dop van de wijn.

'Allez,' zegt hij, 'eet wat brood.'

De glazen zijn tot de rand vol.

Hij pakt een van de broden en legt het midden op tafel en rommelt in de la van de tafel naar messen. We kennen de tekens.

'We eten bijna nooit 's middags.'

'En waarom niet?' vraagt hij er verrassend snel bovenop. 'U moet eten. Allez. Hier is een mes.'

Hij is in de weer. Hij haalt een bord geitenkaas uit de kast waarop hij de foto gelegd heeft. 'Allez. Worst,' zegt hij. Terug naar de kast voor een stuk worst.

'Voilà.' Hij schuift het bord met kaas en worst naar ons toe. 'Snijdt u een stuk brood af.'

Hij gaat zitten en haalt zijn door jaren gebruik gebruind zakmes te voorschijn en wij snijden al, want tegen het gastvrij bevel is geen kruid gewassen.

'Dus u bent hier al eerder geweest,' stelt hij vast.

'We waren het erf opgelopen om de duiventil te bekijken en toen vroeg uw vrouw ons binnen.'

Hij knikt kort. Als hij zien we de vrouw zoals ze was. Grijs, vriendelijk, gelaten, en maak zoveel foto's als u maar wilt. Een jaar of zeventig, leek ze ons. Ze had de eentonige stem die hoort bij een plakboek van klachten over de neergaande lijn van het leven, plastic dat het plantaardige verdrong en een braadpan ging vroeger vijftig, zestig jaar mee. En nu? Wat denkt u? Vroeger deed iedereen alles met de hand. Zelfs het graan werd geschoffeld. Toen konden de mensen nog *werken*. Nu kwam geen gewas meer op zoals vroeger. De vuilnisbelt stonk. Ze hadden hem twee jaar geleden van de knik in de grote weg verlegd tot dicht bij haar boerderij. Nu woei de franje van het stinkende rookgordijn bijna dagelijks bij haar binnen. De hele dag had ze stank in haar neus en vooral bij het eten. Hoe kun je eten en leven in de stank van het vuil van andere mensen? Iedereen gooit alles weg tegenwoordig. Ze was kort, zoals ze stond, schilfers brood snijdend voor de soep die boven het open vuur hing, en bijna zo zwaar als haar man.

We konden het brandende vuilnis niet ruiken.

'Kom maar eens op een dag dat de wind hierheen

waait... Kom maar eens in het voorjaar, of in de winter. De kippen en eenden willen niet meer broeden van de knallen van de vliegtuigen. Het geel loopt door het wit van de eieren. Vorige week had ik twaalf eieren van een eend, allemaal dood in de schaal. Ze hadden de schaal nog opengepikt... Ik weet het niet meer. Als je oud bent! Wilt u nog een stuk brood?'

Ze gaf ons brood met eigengemaakte pâté.

'Geleerdheid gaat boven alles,' zei ze. 'Wij hier, wij hebben nooit veel geleerd. Wij weten niet veel, zoals u. En mijn drie dochters...' Wat wil je, zei het gebaar. 'Zij hebben ook niet veel geleerd. Ze hebben altijd te hard moeten werken. Mijn oudste dochter werkt nu in Souillac, in het restaurant bij de kerk.'

'Dan zullen we haar wel eens hebben ontmoet.'

'Het zou kunnen,' zei ze voorzichtig. 'Ze werkt in de keuken. Ik heb een neef die wel heeft geleerd. Hij is onderwijzer. Hij woont bij Fontainebleau. Als je geleerd hebt kun je overal terecht. Als ik nog jong was...'

Ze schonk ons nog eens in.

'Het is geen goede wijn,' zei ze. 'Wij verbouwen zelf geen wijn meer. Te veel werk. Vroeger verbouwden ze hier werkelijk goede wijn, maar nu doet niemand het meer... Toen ik u hoorde dacht ik dat het mijn man was. Hij komt meestal thuis om deze tijd. Hoe laat is het, als ik het vragen mag?'

We vroegen of ze opzij van de schoorsteen wilde gaan zitten voor een foto. Ze deed het en we beloofden haar om het volgend jaar een afdruk te brengen.

'Eet,' beveelt haar man. 'En drink nog eens leeg.'

Hij heeft zelf een paar glazen gedronken. 'Het zal u geen kwaad doen.' Hij steekt ons de fles toe. 'Dus u houdt van oude huizen? Vindt u dat mooi, zo oud? Die wijn is niet goed...'

Plotseling keert hij zich om. Zijn gehoor is nog scherp genoeg om de snurk van het autootje te horen dat langzaam het erf oprijdt. Hij staat waar we hem voor het eerst zagen staan, zijn uitkijk, de keuken verduisterd, de rug naar ons toe.

'Dat is mijn neef,' zegt hij, zich naar ons omdraaiend. 'Ze zijn hier met vakantie. Hij is onderwijzer in de buurt van Parijs,' zegt hij trots.

Een vrouw in een lichte zomerjurk tilt een jongetje in een vuurrood pakje naar buiten en een donkere man in een rode bloeze en blauwe shorts stapt van achter het stuur op het erf.

'Waarom?' vraagt de man als we willen vertrekken. 'Wat moet u dan doen dat u zo'n haast heeft?'

Zijn leeftijd gelooft niet meer in haast.

'Bonjour, mon oncle,' zegt de vrouw zangerig en zoent hem vier keer. 'Kijk eens, een hondje. Léopold! Ga dat hondje eens dag zeggen! Doet hij wat?' vraagt ze terwijl ze ons een hand geeft.

'Eigenlijk niet, maar hij is tamelijk oud en wat knorrig...'

'Léopold, voorzichtig. Aai hem maar voorzichtig. Niet bij bij zijn staart,' zegt ze kundig.

De man geeft zijn oom een hand en stelt zich aan ons voor. Aan zijn gesloten gezicht valt niet te zien wat hij vindt van onze aanwezigheid.

'Hij heeft honger,' zegt de oom goedkeurend naar het stukje Léopold dat boven de tafel uitsteekt en snijdt een wigvormige homp voor hem af. Het jongetje grijpt het en gaat het afgekeerd staan eten.

'Nee, niet voor mij,' zegt de vrouw zodra ze de glazen ziet in zijn hand. Omdat hij niets wil horen werpt ze ons een blik van verstandhouding toe. Ze zijn al gewassen, gevuld.

'Je wilt me het hoofd op hol brengen,' zegt ze. Ze draagt een blauwe zakdoek om haar haar dat even blond is als dat van het jongetje. Haar gezicht, haar armen en handen zijn bruin verbrand.

'Doe die hand weg,' zegt de man roekeloos tegen zijn neef die zijn hand boven zijn glas houdt. 'Spreid je vingers eens!'

'Een halve dan,' zegt de neef. 'Niet meer.'

De man haalt borden uit de kast en veegt ze af met een droge doek. Allez. Hij schuift ze naar zijn neef en nicht over de tafel en geeft ze messen.

'Ze hebben een foto gebracht. Neem wat brood met kaas!'

Hij overhandigt zijn nicht de enveloppe en terwijl ze lang naar het portret kijkt houdt hij zich roerloos, om haar niet te storen.

'Het is haar sprekend,' zegt ze tenslotte. 'Het is haar helemaal.' Ze houdt hem haar man voor die een keelgeluid maakt en knikt dat het haar sprekend is.

'Heeft u hem gemaakt?' vraagt hij.

Zijn vrouw trekt het jongetje weg bij Knecht die een lip trekt, omdat hij hem de korst van het brood durft te bieden. Misnoegd brabbelt Léopold iets onverstaanbaars, maar zodra zijn vader een waarschuwende klank laat horen vervalt hij tot het goede gedrag dat Franse ouders hoog houden.

De man heeft de enveloppe uit het gezicht op dezelfde kast weggelegd.

We drinken wijn in een verlegen stilte.

'Ja,' zegt de neef. 'Ze zijn overal, de Hollanders. Ze zijn al vroeg gekomen. Ze zoeken naar rust en dan gaan ze in een camping bovenop elkaar zitten. Heeft u La Draille gezien? Boordevol en allemaal Hollanders! Ze zitten daar in de brandende zon en ze hebben allemaal fietsen bij zich!'

'*Hij* houdt ook van fietsen,' roept de oude man zwaaiend met zijn fles naar zijn neef. '*Hij* fietst elke ochtend door uw dorp als u nog ligt te slapen.'

Zijn neef knikt.

'Ja,' zegt hij, 'u woont daar nog rustig.'

'Hij gaat elke ochtend al heel vroeg op pad,' zegt zijn vrouw. 'Als er nog niemand op de weg is. Hij houdt van rust, hij maakt lange tochten. Zodoende kent hij bijna elk dorp in de buurt.'

'Bij u is het rustig,' herhaalt de neef en weert de aandringende fles af. 'Daar aan die bochtige weg.'

'Geef dat hondje maar een stukje kaas,' zegt de vrouw tegen Léopold. Ze trekt het jongetje naar zich toe. Het jongetje knikt voorover en biedt Knecht een gesloten hand met een kruimel kaas aan het uiteinde. Wanneer Knecht hapt trekt hij de hand haastig terug.

'Heeft u geen kinderen?' roept de man naar ons. 'Nee? Hoe komt dat? Weet u soms niet hoe het moet? Gaat het in Holland niet op dezelfde manier? Kijk maar naar hem! Hij krijgt van alles het beste! 's Morgens berijdt hij zijn racefiets als Eddy Merckx en 's nachts rijdt hij in zijn lekkere wagentje!'

'Oom!' zegt de vrouw.

Haar man glimlacht toegeeflijk.

De oom keert zich rusteloos om en pakt een nieuwe fles uit de kast.

'Deze moet u proeven. Deze is beter. Een Cahors, niet geweldig, maar ook niet slecht, al mousseert hij een beetje.

Pratend heeft hij de kurk uit de fles gerukt.

'Drink eens op. Moet ik het glas voor u wassen. Mijn dochter komt dadelijk thuis uit Souillac...'

Hij snijdt een homp brood, een stuk worst, en houdt zich kauwend op de hoogte van de stand van de glazen. Geen leeg glas is veilig voor hem.

Maar wanneer de glazen gevuld zijn heeft triestheid het plotseling van de vrolijkheid gewonnen. Een touwtrekken tussen twee sterken speelt zich af in het lichaam dat onderuit op de stoel rust.

'Duitsers zie je hier niet veel, gelukkig,' mijmert zijn neef. 'Ze zijn hier nog steeds niet erg welkom. Je kunt niet generaliseren, maar, enfin... In 1943 is een afdeling van de SS van Toulouse naar het noorden getrokken. Overal waar ze kwamen hebben ze wreedheden begaan, mensen doodgeschoten in bijna elk dorp, brand gesticht, mensen aan balkons opgehangen, bruggen opgeblazen. Het zat hier vol maquis... De mensen zijn het nog niet vergeten.'

We vertellen dat in ons dorp vijf jongens tegen het eind van de oorlog zijn doodgeschoten op het plein. En in een ontvolkte vlek op de heuvel drie kilometer verder woont nog een vrouw die simpel geworden is nadat SS-troepen haar man en haar zoon voor haar ogen hadden doodgeschoten, omdat ze de schuilplaats niet aan kon wijzen van maquisards die er niet waren. Overdag zwerft ze altijd op bospaadjes in de buurt van haar heuvel, breiend, zoekend naar veldsla, cantarellen, aardbeien die ze in haar schort bewaart. Twee gladharige magere honden draven altijd schuw en speels om haar heen: een dikke vrouw in een vormloze, dichtgespelde jurk en weinig eronder, een brede zwarte strohoed op haar hoofd tegen de zon. Vriendelijk knikkebollend houdt ze je staande om iets over het weer te zeggen. U komt uit Holland, herhaalt ze. Wel wel. Bent u uit Holland komen lopen? Met de auto, wel wel. Bent u aan de wandel? Wel wel. Waar komt u vandaan? Uit Holland? Wel, wel. Bent u te voet uit Holland gekomen? Haar ogen richten zich vredig op de verte en goeiig verraadt ze de plek waar de meeste paddestoelen opkomen.

'Spreidt uw vingers,' roept de oude man. Zijn verdriet is weer aan de verliezende hand. 'Het gaat ze goed,' roept hij, 'de Duitsers! Hoe heet die, die gast, die oude generaal, die in de buurt van Bordeaux woonde en daar huis heeft gehouden en al zijn geld in Zwitserland op de bank had gezet! Met dat geld heeft hij weer een huis gekocht! En waar dacht u? Precies! Hij was de streek nog niet vergeten! Een huis tien maal zo groot en zo mooi als dit! Waarom eet u niet meer?'

We zijn verrast. De gesprekken nemen zelden een wending als deze. De boeren leven te veel bij de dag en de grond om vaak aan de oorlog te denken. Als ze de oorlog noemen is het meestal in verband met de maag of de lever, een soort paddestoel die ze aten, bijvoorbeeld, de Duitsers, dwars tegen ieders beproefde gewoonte. Niet meer dan een enkel gruwelverhaal heeft ons bereikt in de loop van de tijd.

Het jongetje scharrelt naar buiten en Knecht keert zich in zijn slaap.

'Interesseert u zich voor de huizen hier in de buurt?' vraagt de neef. 'Dit was geen boerderij oorspronkelijk. Het was een huis voor de rijken. Of rijk... Rijk voor hier, in elk geval. Een herenhuis. Het is een mooi punt, maar voor een boerderij is het hier hopeloos. De grond is van steen. Wat ermee gaat gebeuren...'

'Blijft u dan niet hier?'

Verdriet weer. Hij schudt zwaarmoedig zijn hoofd.

'Volgende maand,' zegt hij. 'Naar mijn dochter.'

'Hij kan hier niet alleen blijven wonen,' komt de vrouw hem te hulp. 'Het huis zal wel als vakantiehuis worden verkocht. Gelukkig is het geen bezit, dan kunnen ze daar tenminste niet over vechten.' Alsof ze verlegen is over wat ze zich heeft laten ontvallen gaat ze naar Léopold toe die onophoudelijk bellend de deur voorbij fietst op zijn vuurrode driewieler. Ze legt haar hand op zijn rug en geeft hem een duw.

'Ze moeten het nog eens worden over de verdeling,' zegt de neef. 'Twee zijn het eens met elkaar, maar de derde maakt moeilijkheden. Zo gaat het altijd, als er een erfenis is...'

Zijn stem heeft de stugheid van wie gevoelens verbergt.

'We moeten werkelijk gaan.'

'En *waarom*?' protesteert de oude man.

'We waren van plan om een wandeling te gaan maken.'

'U bent jong, u heeft geen kinderen. U kunt uw hele leven nog wandelen! Waarom wilt u weglopen van iets dat pas is begonnen? Mijn dochter kan elk ogenblik thuiskomen. U moet haar ontmoeten. Ze werkt in Souillac in het restaurant bij de kerk en 's avonds werkt ze voor mij in dit restaurant! Allez!'

Hardhandig verdeelt hij de rest van de wijn tussen ons en loopt naar de kast voor de volgende fles.

'We moeten nog autorijden.'

'Ach wat. Eet dan nog een stuk kaas. Die wijn is niet zwaar, hij zal u geen kwaad doen.'

Als aartsvader geboren rust hij niet voordat hij zoveel mogelijk bijeen heeft gezien. Hij ontkurkt de Cahors en dreigt met de fles. Hij keert zich naar het erf waar Léopold in navolging van zijn vader diep over het stuur gebogen wijde cirkels aaneenrijdt. Een kip kakelt topzwaar voor hem uit. Zijn moeder is er niet meer om hem vooruit te helpen of hem aan banden te leggen.

'Ja,' zegt de man, 'ze is laat. Het is druk in Souillac. Al die toeristen. Ze hebben allemaal honger en dorst...'

Opeens is ze er weer, klein, zomers, lichtblond tegen de vallende avond, kwiek op de keuken af en gevolgd door een vrouw in een donkere jurk die de grote stappen neemt van het platteland.

We staan op.

'We hebben elkaar al eens gezien in Souillac. In het restaurant, geloof ik?'

Een schichtige blik uit de donkere ogen van haar vader, maar kleiner, en ze kijkt weer opzij van de magere hand die ze uitsteekt. Ze knikt een paar maal beamend, onzeker. De drukte van de dag duurt nog voort in haar sprieterige lijf, houdt de enorme zwarte schoenen in beweging waarin haar voeten comfort zoekend uitbreken aan de buitenrand. Het staan en lopen heeft aders in kronkels op haar benen naar buiten gedreven.

'Ze hebben een foto gebracht!' roept haar vader.

Ze neemt hem mee naar het licht en bekijkt het portret bijna ongelovig dicht bij haar ogen.

'Maar hij is mooi!' zegt ze verrast en durft ons aan te kijken. 'Hij is heel mooi!' Met de foto in de hand drentelt ze heen en weer in de keuken op haar jachtige benen en bekijkt hem steeds weer. Ze brengt haar hand naar haar losse kortgeknipte haar en schokt in haar schouders. 'Maar,' aarzelt ze, 'maar zouden wij het negatief kunnen krijgen om er een paar van te laten maken?'

'Hoeveel wilde u er nog?'

'Nog wel drie,' zegt ze zonder twijfel.

'Dan zullen we er nog drie voor u afdrukken.'

Ze schrikt.

'Maar we betalen er natuurlijk voor,' zegt ze.

'Dat hoeft helemaal niet.'

Ze staat voor de stoel waarop haar moeder zit op de foto, naast het bakelieten gevaarte in de nis, de handen in haar schoot en een gestreept schort over haar buik getrokken, een uitdrukking van misnoegen op haar gezicht over al het moderne dat het draadloze wonder nog uit wist te stoten. Het had haar overleefd, met liedjes en al zonder kop of staart, hoorspelen waarvan ze de draad niet kon vatten, de voortdurende stroom van onheilsberichten.

'Maar het wordt wel najaar,' waarschuwen we, 'voordat u ze krijgt.'

Ze knikt. Natuurlijk wordt het wel najaar.

'Ja, hij is erg mooi,' zegt de blonde vrouw nog eens en de donkere schrijft de naam van haar vader op in grote rechte letters en het adres van de dochter bij wie hij gaat wonen. Ze laat het ons zien en leest het ons voor.

Het is laat geworden. Rood van het fietsen komt Léopold binnen op het gebod van zijn moeder en gaat tegen een tafelpoot hangen. De oude man haalt geen fles meer, zelfs niet wanneer we opstaan. In plaats van een fles houdt hij ons het plaatselijke parochieblaadje voor op de doodsberichten naar buiten gevouwen. Hij wijst haar aan: Marie Lambert, overleden 24 juli, oud 81 jaar.

Zo kort geleden! Op grond waarvan dachten wij dat het sterven veel langer voorbij was? Zekerheid dat het nare als regel ver weg ligt? En éénentachtig! De foto ligt op tafel om te bewijzen dat ze niet meer dan zeventig leek.

'Eenentachtig,' bevestigt hij en legt zijn hand op zijn borst. 'En ik?'

Zijn stem probeert nog wat vrolijkheid op te houden, maar zijn ogen, de lijnen van zijn gezicht en zijn houding aan tafel verraden een somberte die hem verlamt.

'Drieëntachtig,' beantwoordt hij zelf zwaar zijn vraag.

We hebben ontzag voor zijn gezondheid, zijn fitheid, maar hij wil er niet van horen. Hij is oud. Te oud om zichzelf iets wijs te maken.

'Wacht u nog even,' zegt de dochter.

Ze draaft het trapje op naar de houten deur links van de voordeur. Die deur sluit niet goed. We zien de schim van haar in de weer, grote stappen, dan uit zicht. Papier begint in haar kamer te kraken. Ze draaft weer, trekt een la piepend open. Dan weer krakend papier.

Ze heeft twee pakjes in dubbele kranten dik ingepakt.

'Dit,' zegt ze, 'is een pâté die ik heb gemaakt. Weet u wat pâté is? Vindt u het lekker?'

Ze is angstig. Ze wil graag een eerlijk antwoord.

'En dit,' zegt ze bij het kleinste pakje, 'is iets om een omelet mee te maken.'

Ze is te verlegen om er meer van te zeggen. Ze wil niet horen dat ze het niet had moeten doen.

We nemen afscheid van de neef en zijn vrouw.

'Wat zeg je dan?' zet de vrouw Léopold aan tot een groet. Maar Léopolds dag wil niet komen.

We wuiven nog eens bij de poort. Neef en nicht zijn binnen gebleven en Knecht loopt voor ons uit naar de auto zonder een enkele keer om te zien. De man die we geen goede gezondheid toe durven wensen vult de deuropening weer. Het is of het even duurt voordat hij weet wie dat zijn bij zijn poort. Dan pas komt zijn arm in beweging. En zijn dochter naast hem, buiten de deur, tuurt gespannen en bezegelt het afscheid met een bedremmelde zwaai van de hand met de enveloppe van de foto.

Thuis wikkelen we de geschenken uit hun krantepapier. Ganzeleverpâté, zelf ingeblikt. En de toegift: een glazen potje, een paar onooglijke zwarte bobbels erin, samen het 'iets om een omelet mee te maken'. Het woord waaromheen begeerte opvlamt, zwart diamant van de streek, die onverklaarbare zwam, de inktzwarte truffel.

Gaston Durnez

Seine

Als je verliefd bent, moet je dat kunnen voortvertellen. Al was het maar via een opschrift op ergens een gevel of schutting.

Op de grauwe Seinemuur nabij de Pont Marie had iemand een symbolisch plekje uitgekozen. Rond een zwarte ijzeren ring, die daar met het oog op scheepstouwen in de stenen vastzit, had hij een wit reuzenhart getekend en daarin wat bevend geschreven:

'Fabienne et Tonton.

Pour la Vie.'

Maar, wij weten het al lang, op deze wereld lopen ook àndere mensen. Schepsels die allergisch zijn voor verliefden, waar zij uitslag en jeuk van krijgen. Een van die ànderen moet grinnikend bij de ring en het hart zijn gestopt. Met een zwarte stift vulde hij het laatste witte woord aan, zodat wij lazen: 'Pour la Vieille'.

Een beetje weemoedig om de mensheid wandelden wij verder.

Op een bank, onder een barmhartige zomerboom, zaten twee groezelige mannen met een stoppelbaard te souperen. Om beurten braken zij een stuk van een stokbrood en dronken klokkend aan een fles die zij als een triomfantelijke trompet omhoogstaken. Een man met een buikje liep in blauw trainingspak joggend voorbij. 'Va donc, tu vas te crever!' riep een van de stoppelbaarden.

Op de Seine, onder een hoge blauwe hemel, kwam een lang schip aangeschoven. Het lag tot aan zijn halsboord in het water, maar wapperde nog vrolijk met zijn vlaggetje. Op het dek stond een kind achter een afsluiting en een vrouw stak haar hoofd door een raampje van de cabine en keek naar de gevangene.

Als de films over Parijs gelijk hadden, moest er nu harmonicamuziek op de achtergrond weerklinken.

Wij hoorden alleen geronk van auto's, boven ons, op de oeverweg.

Marnix Gijsen

Denkend aan Frankrijk

Ik heb een Franse dame gekend die de Légion d'Honneur op haar pyjama droeg. Vraag nu niet indiscreet hoe ik dat weet, maar het is waar, en het is ter wille van dit ereteken, dat ze zo hoog waardeerde, dat onze wegen zijn uiteen gegaan vóór we een paar stappen hadden gezet. Ik zei haar namelijk dat ik in mijn jeugd die orde had geweigerd. Eerst zei ze dat ik een pretentieuze leugenaar was, maar ik vertelde de feiten. Toen ik kabinetschef van burgemeester Van Cauwelaert was, zei de Franse consul-generaal me eens dat hij me de Légion d'Honneur wilde doen geven. Ik vroeg hem waarom, erbijvoegend dat ik nooit een dienst aan zijn land had bewezen en het ook waarschijnlijk ook nooit zou doen. 'Parce que vous êtes un charmant garçon,' zei hij. Ik weer: 'La ville en est pleine!' De consul: 'Alors vous refusez? Cela ne s'est jamais vu!' Ik weer: 'Je me sentirais ridicule, puisque je n'ai pas mérité cet honneur.' Ik heb zelden iemand zo boos gezien, behalve dan de dame met de versierde pyjama. Dit alles maar om te bewijzen welk een enorm prestige deze orde in Frankrijk en elders geniet. De mensen van mijn generatie hebben daar heel hun leven tegen gevochten. Tijdens het activisme kende ik een geestesgenoot die trots verkondigde: 'Bij ons thuis spreken we alleen Frans met de meid.' Tot grote ergernis van mijn broer en mij had ons ouderlijk huis een brievenbus met het opschrift 'Boîte aux lettres', en moeder, die op verbale elegantie gesteld was, zei '*façade*' voor gevel en '*ambimeren*' voor beschadigen. Waar ze het uitgehaald had, weet ik niet, maar ze gebruikte ook de uitdrukking '*Jamais, au grand jamais*'. Toen ze vaststelde dat haar zonen Frans leerden, wilde ze dat ook kennen, maar je kunt aan je moeder of aan je lief niets leren van die aard en onze pedagogie bracht geen resultaat op. Veertig jaar later vertoefde moeder in een gesticht waar ze haar eigen appartement had en haar eigen meubelen. Ze werd door een non verzorgd. Toen hoorde ik dat ze met die zuster tamelijk vlot in het Frans converseerde. Ze was toen 85 jaar oud. Ik vroeg haar waar en hoe ze Frans had geleerd. 'Die non is een Walin,' zei moeder, 'en toen ik hier toekwam, vertelde ze me dat ze geen moeder-overste kon worden zonder Nederlands te kennen. Ik moest haar dat leren. Maar zo'n Walin, dat is te dom om Vlaams te leren. Dan heb ik maar Frans geleerd.' Zoals alle Vlamingen was moeder al te inschikkelijk.

Het enorme prestige van Frankrijk is licht te verklaren. Ten eerste is het een heel, heel mooi land, zeer verscheiden van uitzicht en haast overal charmant. In de geschiedenis heeft het een leidende rol gespeeld. Eerst heeft Caesar een miljoen Galliërs moeten vermoorden opdat ze Latijn zouden leren, maar later heeft Napoleon vijf miljoen soldaten doen sneuvelen om de Europeanen Frans te leren spreken. De Fransen hebben ook de beste revoluties gehad in de wereld. In de 17de eeuw hadden de Engelsen reeds hun koning onthoofd, maar in de 18de eeuw deden de Fransen dat ook, maar met veel meer luister en nadruk. Ze zijn vele eeuwen de leermeesters van de beschaafde wereld geweest. Ze hebben de wonderlijkste beleefdheidsformules en ze gebruiken ze. Ze houden van panache en ze zijn chauvinistisch, maar welk volk is dat niet? Ze kijken op ons neer omdat we foutief Frans spreken, maar dat doen de Nederlanders ook van hun kant wat het Nederlands betreft, en ze hebben allebei gelijk. Onze verhouding tot Frankrijk is een klassiek geval van de liefde-haat-relatie, want we hebben hen veel te verwijten en ook veel te danken.

Alles wel beschouwd, heb ik toch Frankrijk een dienst bewezen. In de rekeningen der Antwerpse schouten van 1358 tot 1387 heb ik een Frans woord ontdekt dat in geen enkel Frans etymologisch woordenboek voorkomt, het woord '*baiselette*'. U hebt al geraden wat het betekent: een hoertje. Een minuscule parel aan mijn kroon.

Godfried Bomans

Tussen Eiffeltoren en Dôme

Overpeinzingen uit de hoogte

De twee dingen, die een gemiddeld Nederlander in Parijs begint te bezoeken, zijn de Eiffeltoren en het graf van Napoleon. In het eerste geval gaat men voor de somma van twintig francs de hoogte in, in het tweede daalt men voor hetzelfde bedrag in de diepte af. In beide gevallen ziet men iets lelijks.

Men heeft graden en soorten van lelijkheid. Het graf van de grote keizer is lelijk door overdaad, de Eiffeltoren door gebrek aan fantasie. Het is daarom zeer goed, dat de gemiddelde Nederlander zijn verblijf in Parijs met deze beide uitersten begint. Hij wordt erdoor bevestigd in zijn gemiddeldheid.

Die volmaakte harmonie, dat geheimzinnige evenwicht van gemoedsbewegingen, dat men alleen boven de Moerdijk aantreft en dat vooral in de gebogen Haarlemmer tot een apotheose van zielerust stijgt, vindt tussen deze uitersten de tevreden kalmte terug, die door het betreden van Parijs een ogenblik werd in gevaar gebracht.

Daar ik nu in niets van de gemiddelde Nederlander verschil, nóch ook wens te verschillen, heb ik beide pelgrimages devoot volbracht. In het bijzonder de Eiffeltoren bezorgde mij een reeks van verrassingen. Vooreerst ontdekte ik, na de ruim 874 miljoen treetjes beklommen te hebben, dat men ook met de lift kan gaan. Ik deed deze ontdekking, toen ik boven stond. De steeds verbaasder gezichten der suppoosten, die ik bij elke nieuwe wending ontmoet had en die gaandeweg tot een uitdrukking van diep respect waren overgegaan, kwamen nu in een nieuw daglicht. Bij de laatste bocht trad een dezer mannen op mij toe en drukte mij stormachtig de hand, na de omstanders op mijn aanwezigheid opmerkzaam te hebben gemaakt. 'C'est un Hollandais,' zei hij, op de toon van iemand, die een uiterst zeldzame keversoort laat zien.

Hoe ziet het er daarboven nu eigenlijk uit? Wel, bijzonder leerzaam voor de tot wijsgerigheid neigende toerist is de volgende bijzonderheid: dat er, vlak onder de top, nog een klein trapje is van ten hoogste vijf meter, voor welker bestijging men tien francs extra moet betalen. Juist omdat deze geringe verheffing niet het minste verschil maakt met de duizelingwekkende hoogte van het reeds bereikte platform, geeft de vondst blijk van een diepe kennis der menselijke ziel. Zij doet een beroep op de edelste van alle Franse eigenschappen: de neiging tot het heroïsche.

Slechts enkelen heb ik van dit trapje gebruik zien maken; de meesten stelden zich tevreden met het bereikte en nestelden zich op de gemakkelijke banken, vanwaar men een onbelemmerd uitzicht heeft op de reusachtige inktvlek, die Parijs heet. Deze enkelen echter streefden hoger. Zij komen in een soort vogelkooitje terecht, waar zij zich slechts met de grootste moeite in de wind kunnen handhaven. Het zijn zonder uitzondering heldhaftige zielen, die de abstractie van de roem hoger, en wel letterlijk hoger, stellen dan de conclusies van het gezond verstand. Ik behoorde niet tot hen. En ik had er spijt van... toen ik beneden was.

De overwegende indruk, die de Eiffeltoren maakt, als men boven staat, is dezelfde als die men ook aan de voet heeft. Namelijk: die van een opmerkelijke hoogte. In zoverre wordt de inspanning dus niet beloond. De volgende gedachte, die in de borst van de toerist ontwaakt, is deze: was ik maar weer beneden. Doch dit denkbeeld moet onmiddellijk met kracht onderdrukt worden. Men moet zich daaraan niet overgeven. Dan volgt er een verbazingwekkende ontdekking. Het blijkt namelijk, dat men van Parijs in het geheel niets ziet. Op zulk een redeloze hoogte schrompelt de prachtige stad tot een rokende puinhoop ineen. Het gemeente-bestuur van Parijs heeft getracht aan dit bezwaar tegemoet te komen door het opstellen van verrekijkers op de balustrade, waardoor men het verloren paradijs weer naar zich toe kan halen. Inderdaad krijgt men, een blik door deze kijkers werpend, de indruk, alsof men op een normale kerktoren staat. Er is zelfs één reusachtige telescoop bij, waardoor men, dank zij een ingewikkeld samenstel van lenzen, de illusie heeft op het dak van een gewoon huis te staan. Het zal misschien aan het vernuft van de komende eeuwen beschoren zijn een optisch instrument te construeren, zó uiterst fijn van bouw, dat men zich op de begane grond kan wanen. Van dat moment af is de absurditeit van de

Eiffeltoren een voldongen feit. En niemand zal nog een gevaarte beklimmen, op welks top men met de grootste inspanning precies hetzelfde kan waarnemen als wat men met eigen ogen aan de voet aanschouwt.

Tim Krabbé

Col d'Uglas

Ik voelde een bekende bitterzoete pijn toen ik vrijdag in *L'Equipe* een lettercombinatie herkende die ik zo vaak op de rand van de bewusteloosheid heb gelezen: Uglas. 'Het is niet echt een angstaanjager, deze Uglas', stond er. Toch had Bernaudeau op de Col d'Uglas kans gezien om, op de hielen gezeten door Zoetemelk, te ontsnappen waardoor hij voor de vierde achtereenvolgende maal de Midi Libre won.

Als ik probeer te achterhalen hoe ik ertoe heb kunnen komen acht jaar lang met hart en ziel wielrenner te zijn, staat mij vooral een moment bij uit de zomer van 1971. Een vriendin had mij voor het eerst meegenomen naar Anduze, een plaatsje in de Cévennes in Zuid-Frankrijk. Bij een rondrit kwamen wij tussen Saint Jean-du-Gard en Alès terecht op een bergje waar wij wat in de zon zaten en van de uitzichten genoten. Ik kon de voet van de berg zien, en daar verscheen een wielrenner, in een rode trui. Hij verdween weer, dook een paar keer in steeds hogere lussen vanachter de dennen op en na een tijdje reed hij voor ons langs. De handen op het stuur, sterk en rustig; alles wat je in de stilstaande, gonzende hitte hoorde was het grind onder zijn wieltjes en het enige wat hij achterliet was de plotselinge, verpletterende zekerheid dat ik ook wielrenner zou worden.

Toen ik anderhalf jaar later met mijn fiets in

Anduze ging wonen was dan ook het eerste wat ik deed naar dat bergje fietsen. Ik probeerde mijn snelheid af te stemmen op de tijd die hem vol zou moeten houden, maar na een kwartier klimmen had ik mijn laatste restje kracht nodig om de toeclipsriempjes los te trekken. Half liggend, half zittend aan de rand van het ravijn maakte ik voor het eerst mee wat een genot het is beetje bij beetje uit de dood op te staan. Toen ik na een minuut of vijf weer op mijn benen kon staan markeerde ik die plek door een half verkoolde boomtak tegen een honderdmeterpaaltje te zetten en er een denneappel bovenop te leggen. De denneappel heeft er twee jaar gelegen, de stok is vier jaar blijven staan.

De klim bleek na mijn instorting nog anderhalve kilometer te duren die ik verrassend fris aflegde – een demonstratie in het klein dat afzien, als het werkelijk ver gaat, de beste training is. Boven zag ik dat de berg die ik had beklommen Col d'Uglas heette. (Alt. 539 m.).

De Col d'Uglas ligt op de D 160 en wordt in de richting van Alès beklommen. Van de voet (de stopwatch wordt op de splitsing met de D 50, ter hoogte van het richtingbord, ingedrukt) tot aan de top (daar staat een streep) is hij 5,615 km lang en 322 meter hoog, wat neerkomt op een stijgingspercentage van 5,7 procent. De klim is heel gelijkmatig. Vooruit dan, geen angstaanjager.

Ik heb hem in de loop van elf jaar negenenzestig maal beklommen. In mijn lijsten met tijden en tussentijden zie je een paar geheimen van de sport weerspiegeld. Maandenlang geknibbel met jezelf om seconden, dan ongemerkt en onverwacht een recordverbetering met een minuut en een paar dagen later nog eens. Zo kwam ik, na rond de 21 minuten te zijn begonnen, in mijn tweede jaar ineens tot 15.32. Het is een vreemde vreugde die je dan voelt, half dood en geheel alleen. Mijn stopwatch was weken onbruikbaar, want het sprak vanzelf dat ik die tijd liet staan.

'Vijftien tweeëndertig', zo luidden ook de woorden waarmee ik een paar dagen later Kléber aansprak toen ik hem bij een koers tegenkwam. Kléber woonde in Alès, was mijn trainingsmakker, en ik wist dat ook hij een Uglas-fanaat was en dat zijn record 15.46 bedroeg.

Dat was in april. In oktober, ik zat toen weer in Amsterdam, kreeg ik een brief van Kléber die de indruk wekte alleen maar zeven kantjes lang te zijn opdat hij zo terloops mogelijk kon vermelden dat hij het Uglas-record nu op 15.11 had gebracht. Jaren later, toen wij elkaar goed kenden, heeft hij mij eens zijn Uglas-archief laten zien; een doos met systeemkaarten waarop de data, tijden, tussentijden, gebruikte verzetten en tal van andere gegevens van zijn Uglas-beklimmingen stonden. Op verzoek heeft hij me eens een uittreksel opgestuurd van al zijn tijden beneden de zestien minuten.

Met die 15.11 was definitief een prestigestrijd ontbrand waarin wij beiden eerlijk bleven; voor homologatie van een rekord was aanwezigheid van de maker voldoende. Vele, vele pogingen mislukten, ook van hem; vier jaar bleef Kléber's 15.11 overeind. Op 30 juni 1978, vijf jaar na mijn eerste beklimming, kwam ik tot 14.56. Daar heeft Kléber nooit van terug gehad. Wat ik nu natuurlijk wil weten is: ging Bernaudeau harder? Waarschijnlijk wel, al hadden hij en Zoetemelk er al 150 kilometer op zitten. Hoeveel harder dan? *L'Equipe* verleent deze service niet. Mijn enige vergelijkingsmogelijkheid is een sterk bezette amateurwedstrijd die ik eens over de Uglas heb zien komen en waarvan ik de kopgroep (met Patrick Bonnet die kort daarna een verdienstelijke profcarrière zou beginnen – in deze Midi Libre werd hij zevende) op 16.00 klokte. Maar ook zij hadden toen al vele uren op de fiets gezeten.

Ik wil veel meer weten. Hoe hard zouden de grootste profs een dergelijke klim als tijdrit kunnen rijden? Slaat mijn schatting van 12.15 ergens op? Hoeveelste zou ik, bij honderd deelnemers, met mijn beste tijd worden? Zou ik Jan Jonkers voorblijven? Raas?

Ik zal moeten wachten tot ik The Great Gatsby ben. Dan betaal ik de Tour de France wat nodig is om de Col d'Uglas te laten optreden als bergtijdrit. Ik zal Kléber niet waarschuwen, hij zal de publiciteit rond de Uglas bemerken en uit zichzelf begrijpen dat ik daar de hand in heb. We komen elkaar vanzelf dan wel tegen op onze berg.

Jan Hanlo

In Bretagne

Snel voerde de trein ons door het Fransche land. In Rennes waren we ingestapt. 'n Eigenaardige stad: Rennes. 'n Mooie stad. Wijd en ruim. 'n Lange breede boulevard loopt van 't station naar het oudere stadsgedeelte. Dat oudere gedeelte is heuvelig. Daar woont de bisschop in zijn ouderwetsch paleis dat een binnenplaats heeft met boomen en een pomp. Op de heuvel ligt de kleine oude kerk. (Het was vroeger de kathedraal.) We hadden hem al vanaf het station gezien. 't Is een mooie antieke kerk met prachtige ramen waarin veel lichtblauw. Rennes is zeer rustig. Het is deftig. 't Maakte op mij zelfs 'n wat onwezenlijke indruk. Behalve dat oude kathedraaltje. Maar, Rennes hadden we al een poosje achter de rug. 't Was al middag. En steeds verder snelden we in noordwestelijke richting. Het was in de zomer en het wijde landschap lag in volle zon en zomerwarmte. Het landschap daar van die streken, dat is niet als bij ons. Tusschen de akkers en velden in, staan overal boomen. Lange smalle schaduwlooze boomen. Nooit hebben ze een machtige kruin. Al vlak aan de grond beginnen de takken. Korte takken met een troes blaren eraan. Soms is 't alleen maar 'n stam met bovenaan een paraplutje van blaren. Ik geloof dat 't 'n soort eiken zijn.

Er was iets dat ons opviel: waar woonden toch de

menschen die al die akkers verzorgden, en dat koren dat gauw rijp zou zijn. Dorpen, we zagen ze niet. Heel zelden 'n huis.

Het ging avond worden. En 't landschap was aan 't veranderen. Heuvelachtiger werd 't. Soms zagen we zelfs 'n rechte rotswand. We waren op het kustplateau, waarvan de hoogere rand het uitzien op de zee beneemt. St. Brienc zou niet ver meer zijn. Maar de dag had voor ons slaperige menschen, nog iets bijzonders bewaard: De inham van St. Brienc. Die ultrablauwe watertong. Ik zag 'm het eerst. Ik zat aan 't rechtsche raampje. De zee! Effen en stil lag daar de blauw-satijnen slip van de zee tusschen de rotsige kustrand die de avondzon oranje kleurde. En daar lag de stad! – St. Brienc, daar beneden, aan een smal strand-halfmaantje.

Maar hard liep de trein. Niets was er meer te zien van St. Brienc. Alsof alles maar een luchtspiegeling was geweest. De avond viel. Onder onze voeten ratelden de wielen.

J.M.A. Biesheuvel

De tuin van de koning

De koning van Frankrijk was een van de rijkste mensen ter wereld en hij woonde samen met zijn mooie vrouw in een van de mooiste paleizen die je je maar kunt denken. Het was daar een en al damast, kristal, mahonie, zilver en spiegels, om van de kroonluchters nog maar te zwijgen. De koning had met zijn vrouw vaak dolle pret in bed. Die man voerde eigenlijk nooit iets uit. Hij speelde wat met zijn kinderen, maakte zijn eigen vrouw het hof en ging af en toe een rijtoertje maken. Het regeren liet hij helemaal aan zijn ministers over. Gewone mensen wonen in een huis met een tuintje van vier bij twee meter als ze al een tuintje hebben, maar de koning had een tuin zo groot, het was gewoon een park, nee het was meer. Soms zat hij met iemand uit een ver land op het balkon en dan zei zo iemand, de ambassadeur van Hongarije bijvoorbeeld: 'Wat hebt u toch een prachtige tuin, Doorluchtige.' 'Ja,' zei de koning dan, 'zullen we er eens in wandelen?' Dan begonnen ze te wandelen. Prachtige gazons, mooie boompjes en bomen, heel aardige verschieten, hier en daar een beekje of een viaduct, dan kwamen ze eindelijk op een plek waar het heerlijk geurde naar rozen en te midden van hoge vlier stond een kleine ruïne. 'Is dit nu het einde van de tuin?' vroeg dan de bezoeker. 'Welnee,' zei de koning, 'het park is wel tien, hier en daar wel twaalf kilometer breed, en zo gaat het almaar door. Het houdt gewoon niet op.' 'Het moet toch ergens ophouden?' vroeg de bezoeker dan beleefd. 'Ik geloof dat het park helemaal doorgaat tot Marseille, daar daalt het terrasvormig af naar zee, de golfjes bespoelen in de verte mijn park. Ik geloof zelfs dat de eigenlijke haven van Marseille in mijn park ligt, maar daar bemoei ik me allemaal niet mee. Veronderstel dat ik gedwongen werd om tot het eind van mijn tuin te lopen..., ik ben niet zo erg een wandelaar, misschien zou ik er tot het eind en dan weer terug naar huis wel een half jaar over doen. Ach, het zou voor de grap natuurlijk weleens aardig zijn om te doen, maar ik heb er geen tijd voor, nu eens moet ik een koning ontvangen, dan weer een ambassadeur, dan weer een minister. En ik moet trouwens iedere dag verzinnen wat we 's avonds zullen eten. Ik kan mijn wensen zo dwaas niet opschrijven of de kok voert ze uit. Mijn vrouw zou het niet leuk vinden als ik zo lang wegbleef en mijn kinderen ook niet. Ik ben nog nooit verder dan vijfhonderd meter mijn tuin ingelopen en als ik dan eindelijk weer thuis ben ben ik moe, dan moet mijn vrouw mijn voeten in het hemelbed masseren.' 'Het is me wat, het is me wat,' zei de bezoeker en snoot dan uit verlegenheid zijn neus. Wij kunnen ons dat niet voorstellen, maar die koning had werkelijk zulk een grote tuin. En er waren wel twaalfhonderd hoveniers die in kleine liefelijk aandoende huisjes woonden van Versailles tot aan de kust van de Middellandse Zee. Die hoveniers hadden natuurlijk ook weer hun vrouw en kinderen, maar ze werden allemaal goed betaald door de koning. Een willekeurige hovenier was de hele dag druk bezig om het gras te maaien, de rozestruiken te snoeien, de boompjes een leuke vorm te geven, en de visvijvers schoon te houden, planten te begieten, stekken te maken van planten, de naam van de koning te schrijven in bloemen op een groot gazon, zo'n hovenier was altijd maar bezig en zijn terrein was zo groot dat hij maar eens in de drie maanden de hovenier van een aanpalend stuk van het park tegenkwam. De hoveniers zeiden dan tegen elkaar: 'Wat zou het leuk zijn als nu de koning eens door ons park kwam wandelen, wij zijn altijd maar in de weer, maar hij laat nooit zijn neus zien, die koning.' Het was inderdaad triest voor al die hoveniers, ze hielden veel van hun koning, maar de meesten hadden hem nog nooit gezien. Twee hoveniers in de buurt van het paleis hadden weleens een buiging voor de koning en zijn vrouw mogen maken. Maar dat hem ooit zoiets zou overkomen kwam in het hoofd van de derde hovenier vanaf het paleis, laat staan bij degeen in de buurt van Marseille, nooit op. En alle hoveniers werkten en werkten maar, ze vonden het zelf een prachtig park, maar ze wisten dat ze de koning nooit zouden zien. Natuurlijk was het leuk en aardig dat de kinderen van de hoveniers in zulk een betoverende omgeving konden stoeien en spelen, maar de grootste wens van de tuinmannen was toch dat de koning nu eens kwam kijken wat ze voor moois van zijn park hadden gemaakt. 'Misschien krijgen onze kinderen nog ooit de koning te zien,' zeiden ze dan. Al honderden jaren had de koning nooit meer gedaan dan eens in de maand een uurtje in zijn tuin wandelen en vaak kwam hij dan zelfs die meest dichtbij wonende en werkende hovenier niet tegen. Die mensen vroegen zich af waar ze eigenlijk voor werkten, want er was geen eer mee te behalen. Zeker, het park zag er prachtig uit. Op een keer, tussen Le Cheilard en Garvonne, twee kleine plaatsjes die aan het park grensden, ongeveer in het midden van Frankrijk, kreeg een man een heel goed idee. Hij leek een beetje op de koning en hij verkleedde zich als de koning. Hij wandelde dagen in het park en kwam drie hoveniers tegen. Je kunt je voorstellen hoe blij die hoveniers waren dat de koning eindelijk naar hun werk en het park kwam kijken. 'Hoge Majesteit,' zei een van de hoveniers, 'mijn voorvaderen hebben hier tot zes geslachten terug gewerkt en gezweet en gesappeld en nu ben juist ik het die u mag zien.' De tweede hovenier viel flauw en kwam pas twee dagen later weer bij. Bij de derde hovenier ging de koning op bezoek. De vrouw was thuis en ze kreeg haast een beroerte van ontroering toen ze de scepter en de kroon bij de koning zag. De koning wilde wel graag een glaasje wijn drinken en toen die klaargezet was had de zogenaamde koning geen tijd om de wijn op te drinken omdat 'hij snel weer verder moest om zijn park te inspecteren'. Het grapje kwam uit, de man werd ontmaskerd, maar een paar mensen waren toch heel even gelukkig geweest want de man had steeds gezegd: 'Het park ziet er hier prachtig uit, mensen, veel mooier dan in de buurt van mijn paleis.' Een paar maanden later besloten alle hoveniers, want het gerucht was het hele park doorgegaan, om die ene man die voor koning had gespeeld te bedanken en hij werd op een passende wijze gehuldigd in de kathedraal van Lyon. De koning hoorde daar niets van natuurlijk, hoe kon hij ooit te weten komen wat zich zo ver van zijn paleis afspeelde? Ja, het was zielig voor die hoveniers, want gewone mensen kwamen nooit in het park en konden dus ook geen loftuitingen uitdelen. Ach, waren er in die tijd maar vliegtuigen geweest, dan had iedereen over het park kunnen vliegen en zien hoe mooi het wel was. Nu ja, de hoveniers hielden allemaal veel van de koning. Ieder van hen had duizenden vierkante meters grond te bewerken. Hoewel ze wisten dat de koning nooit gindse bosschage zou zien of dat mooie beekje waarlangs zo fraai de spirea en de varens groeiden, waarin zo dartel de forel zwom, hoewel de koning nooit het ronkebonken van de zware keien op de bodems van de beekjes zou horen en ook niet het vergezicht op de berg van Patouilles waar je naar het noorden de beukebomen en de populieren en de moerassen ziet en naar het zuiden de cipressen, de oleanders, de dadelbomen en de wijngaarden, deden ze hun werk toch met plezier want zoals gezegd, diep in hun hart geloofden ze dat de koning dan uiteindelijk toch ooit het werk van hun kinderen of anders toch wel het werk van hun kindskinderen zou prijzen en loven...

Op een keer kwam de koning terug in zijn koets uit Zweden. Tot le Havre had hij gevaren en hij had eigenlijk maar een klein gedeelte van zijn land gezien, een heel klein stukje had hij nog door het park gereden, maar toen was hij al thuis. En daar hoorde hij dat de legers van België, Engeland, Duitsland en

Holland aan de noordgrens van zijn land stonden om Parijs te bestormen en in te nemen. Hij was daar al lang bang voor. Vlug stopte hij vrouw en kinderen in de koets en begon naar het zuiden te rijden. Tot Lyon ging het nog wel maar toen begonnen de Franse legers zich steeds meer op de heirbanen te verzamelen en de koning moest zich met zijn koets een weg banen door de ruiters, de kanonnen, het voetvolk en de jagers en verkenners, ze waren allemaal bepakt en bezakt en namen veel ruimte in beslag en hoewel ze niet wisten hoe snel ze opzij moesten gaan voor de koning, had hij toch het gevoel te veel opgehouden te worden door het soldatenvolk. Een hoge officier kwam op de koning toe en sprong op de treeplank van de koets. Die officier vroeg: 'Waar wilt u heen, Majesteit?' 'Naar Marseille,' luidde het antwoord, 'daar ligt mijn schip klaar en daar ga ik met vrouw en kinderen scheep om het vege lijf en vrouw en kinderen te redden. We gaan namelijk naar Italië, omdat de koning van Italië ons welgezind is.' 'Maar waarom rijdt u dan niet door uw eigen park, Majesteit?' vroeg de luitenant-kolonel, 'mag ik u voorgaan naar het hek?' De ingang naar het park was een anderhalve kilometer verderop en meteen kon de koninklijke koetsier weer haast maken. Het hek werd opengegooid en de koning reed nu midden in zijn park. 'Allemachtig, wat een prachtig park,' zei hij tegen zijn vrouw, 'jammer dat we er zo snel doorheen moeten. Voortmaken, koetsier!' En daar gingen ze met grote snelheid over de viaducten, hup, een prieel aan flarden, hup, door de sierlijk aangelegde visvijver, hup, door de rozentuin, hup, door de naam van de koning die in viooltjes en madeliefjes en tulpen en Kaapse viooltjes en paardebloemen midden in een prachtig bijgehouden gazon was uitgebeeld. De koning mompelde: 'Wat zijn die smalle paadjes toch ellendig voor een koets en dan al dat stomme grind, hup!, koetsier, opzij van de paden, rij maar over de gazons.' Anderhalve dag later was de koning bij zijn schip en nog een uur later was hij in volle zee. Niet zo lange tijd later wisten alle twaalfhonderd hoveniers dat de koning hun park had bezocht. Zij en hun vrouwen en hun kinderen kusten de grond. En ze zeiden: 'De koning heeft het park nodig gehad om te vluchten. Hij zal ook wel wat van het park gezien hebben.' Ze kusten de voren die de scherpe wagenwielen in de bloembedden en de gazons hadden getrokken en ze waren in hoge mate ontroerd...

Als ik koning was zou ik graag zulke hoveniers willen hebben. Overigens werd de slag door de Fransen gewonnen. De koning keerde terug maar dit keer ging hij van Wenen naar Parijs en zag onderweg niets van zijn park.

Jos Vandeloo

Ook het paradijs heeft zijn zwakke plekken

Zwervend door het noorden van Frankrijk kwam Dennis Campe op een midweekse dag in Picardië terecht. De gelijkenis met Vlaanderen was opvallend. De overgang van het ene land naar het andere viel nauwelijks op. De dorpen en huizen, het landschap en de mensen zagen er hetzelfde uit, alleen de taal was verschillend.

Hij reed met zijn auto over een stille weg, tussen bossen en veel groen struikgewas in een heuvelachtige streek, toen zijn aandacht plots getrokken werd door een opschrift tegen een boom:

FROMAGE DE CHÈVRE

in houterige letters op een stuk plank geschilderd. Een pijl wees naar links, naar een afhellende landweg tussen de bossen.

Dennis Campe was een uitgesproken liefhebber van geitekaas die door boeren en mensen van het platteland zelf gemaakt was. Hij besloot terug te rijden om een paar pakjes te kopen, maar de smalle, bochtige weg was aan beide kanten met een diepe greppel afgezoomd. Pas een kilometer verder zag hij kans om met zijn wagen een min of meer veilige draaibeweging uit te voeren.

Welgemoed reed hij terug. Hij voelde zich een volkomen vrij man. Niemand zat op hem te wachten en hij werd ook nergens verwacht. De zon scheen uitzonderlijk heerlijk en van puur genot begon hij te zingen, wat ordeloze klanken, de creatie van een onbestaand lied.

De weg liep kronkelend naar beneden, omzoomd door een dicht en ondoordringbaar bos. Dennis kreeg het vreemde gevoel dat hij nergens naartoe reed, doelloos op een doodlopende weg, een soort cul-de-sac.

Ineens werd het geboomte dunner, de bossen weken bij wijze van spreken uit elkaar, het dichte struikgewas werd doorschijnend. Voor hem lag een dal, badend in de zon, met her en der wat verspreide woningen.

Misschien maakte de zon de vallei mooier en stralender dan ze in werkelijkheid was. Voor de ogen van Dennis Campe, de ervaren zwerver die al zoveel gezien had, ontvouwde zich een wonder.

Hij keek verrast en opgetogen naar de glooiende hellingen met mosgroen gras en wollige, witte schapen. Een weide met paarden, veulens, pony's en ezels. Helemaal onderaan een troep grazende geiten. Verder de huizen, als blokken speelgoed in het landschap neergestrooid. De kalkachtige, kronkelende weg slingerde zich in een lus om de woningen en stallen heen en drong aan de andere kant weer het bos in. Het heldere water van een beek sprong van steen naar steen en haastte zich met grote snelheid naar beneden.

Er viel geen teken van leven te bespeuren. De wereld leek hier paradijselijk mooi, maar hij was ingeslapen of uitgestorven. Alleen de dieren leefden voort, in hun harmonische samenhang met de weelderige, wilde natuur. De mensen waren op een raadselachtige wijze verdwenen, opgeslokt en verteerd door de vallei.

Langzaam volgde hij het hobbelige pad naar de schoot van het dal, waar de huizen ordeloos samentroppelden. Pony's renden op hun korte poten naar de afsluiting van hun weide. Schapen hielden op met grazen en staken oplettend hun kop in de lucht, luisterend naar het geronk van de motor.

Beneden bij de huizen scharrelden overal kippen rond. Een poes met twee jongen achter haar aan schuurde langs de voorgevel van een huis. Twee honden begonnen verwoed te blaffen en rukten wild en heftig aan de kettingen, waarmee ze voor hun hokken waren vastgelegd.

Op één van de huizen, een lage, doorgezakte boerderij, was op manshoogte een tweede bordje met 'Fromage de chèvre' aangebracht. Hij reed het erf op, voorbij de stallen, en remde af voor de deur van het woonhuis. Achteraan was er een stuk bijgebouwd, met nog een tweede toegangsdeur. De nieuwbouw was opgetrokken in rode baksteen en vormde daardoor een sterk en ongelukkig contrast met de verweerde muren in grijswitte natuursteen van het eigenlijke hoofdgebouw.

Hij liep naar de eerste deur in het oude gedeelte van het huis en had het gevoel dat iemand vanachter de roodwitgeruite gordijntjes naar hem keek. De honden blaften onophoudend schor en luid en rammelden met hun kettingen. Nog altijd viel er geen enkel teken van menselijk leven te bespeuren.

Er was geen bel bij de deur. Hij ging op de dorpel

staan en net toen hij wou aankloppen, werd de deur geopend. Een jonge, blozende vrouw knikte hem vriendelijk toe, zonder iets te zeggen.

'Ik kwam voor de kaas,' zei Dennis Campe ontspannen. Met zijn rechterhand wees hij naar het bord met het opschrift.

Ze lachte vrolijk, terwijl ze met beide handen een uitnodigend gebaar maakte. Hij kwam in een brede, koele gang met donkere, eiken deuren, waarvan er één wijd openstond. Ze gaf met haar hoofd een teken dat hij daar naar binnen mocht gaan. Hij kwam in een ouderwetse woonkamer met oerdegelijke meubelen in een landelijke stijl. Een hangklok schommelde haar koperen staart heen en weer en tikte met een kriepend geluid.

Nog altijd had ze geen woord gezegd, ze stond alleen maar te glimlachen in de schemerige kamer.

Dennis ging aan de zware, langwerpige tafel zitten. 'Een heel mooie streek hier,' zei hij, 'bijna een droom.'

'Het is hier stil en bijzonder rustig,' zei ze. Ze zweeg even. 'Is het de eerste keer dat u hier komt?'

Hij knikte. 'Ik was nog nooit in Picardië geweest.' Hij wees naar het raam met de geruite gordijnen.

'Het lijkt wel een aards paradijs,' zei hij, 'wat een prachtige vallei.' Hij maakte een wijds, allesomvattend gebaar.

'Ach,' zei ze, over haar schouder naar het raam kijkend, 'ook het paradijs heeft zijn zwakke plekken.' Hij dacht na over haar woorden. Zat er een bedoeling achter of zei ze zomaar wat, uit een aangeboren zin tot relativeren?

Het is een veel te mooie dag om te piekeren, dacht hij, of om me aan allerlei diepzinnige gedachten over te geven. Ik vind dit zonder meer een wondermooie, paradijselijke omgeving.

'Maakt u de kaas zelf?' vroeg hij uitwijkend.

'Ja,' zei ze met onmiskenbare trots, 'ik maak vier soorten.' Ze stak haar hand op en telde op haar vingers mee: 'Met *crème*, met knoflook, met peper, met verschillende kruiden uit de streek.'

'Met knoflook en met kruiden,' zei hij, 'die wil ik wel eens proberen.'

Ze liep naar een deur en verdween in een kamer met glanzende, rode tegels op de vloer. Even later verscheen ze weer in de deuropening, een felle blos op de wangen. Een mooie, gezonde vrouw, dacht hij, een jong, ongecompliceerd moederdier. Voorzichtig legde ze de twee pakjes kaas op de tafel.

'Ze zijn heel vers,' zei ze.

Hij betastte de koele, transparante verpakking met de glinsterende vochtdruppels. 'Ongetwijfeld lekker,' zei hij. Ze aarzelde even. 'Wilt u misschien iets drinken?' vroeg ze, 'het is warm, vindt u niet?' Hij knikte.

'Bier?'

'Graag.'

Ze liep naar de keuken. Hij hoorde hoe ze de koelkast opendeed en bezig was met rinkelend glaswerk. Daarna kwam ze de kamer binnen met twee volle glazen bruin bier, die bekroond waren met een malse kraag schuim.

'Ik drink er ook maar een mee,' zei ze wat verlegen.

'Ja,' zei hij, 'waarom niet? Proost!'

Behoedzaam dronk ze van haar glas en lachte hem toe over de schuimrand. Zwarte wenkbrauwen, dacht hij, en donkerbruine ogen, ze is heel fris en mooi.

'Komen hier nooit toeristen?' vroeg hij.

'Soms, een enkele keer,' zei ze, 'de streek is niet erg bekend.'

'En kilometers in het rond geen hotel.'

'Wij verhuren wel eens een appartementje,' zei ze met een schuchter lachje.

Verrast keek hij op. 'O ja?'

'Er is een stuk bijgebouwd, een zitkamer, een slaaphoek, een badcel met douche en toilet. Meestal staat het leeg.'

'Dat interesseert me wel.' Hij had het gezegd voor hij het zelf goed en wel besefte. 'Misschien kan ik een paar dagen blijven?' Het was een plotse ingeving, een idee dat spontaan en verrassend opborrelde.

'Natuurlijk,' zei ze eenvoudig, 'als u tijd hebt.'

'Een paar dagen in het paradijs,' zei hij vrolijk, 'in een land van melk, honing en geitekaas.'

Ze huppelde gezwind naar de *vaisselier*, een brede kast met een open bovengedeelte, waarin heel fijn porselein geëxposeerd stond. Vanachter een der borden haalde ze een bos sleutels te voorschijn en zei heel gewoon: 'Ik zal even met u meelopen.'

In tegenstelling tot de antieke boerderij zelf, was het appartement heel eigentijds ingericht met lichte, moderne meubelen en een badkamer in een teergroene pastelkleur. De geur van het nieuwe dreef nog door de kamer, het zag er allemaal netjes en verzorgd uit, een zonnige studio.

'Bevalt het u?' vroeg ze.

'Een prima kamer,' zei hij gemeend.

'Om halfzeven gaan we aan tafel. Als u dat wilt, kunt u bij ons komen eten.'

Bij ons, haar man, haar familie? Zonder op zijn antwoord te wachten liep ze de kamer uit, haar schaduw gleed voorbij het raam.

Een merkwaardige vrouw, dacht hij dromerig. Geïsoleerd op het platteland, overal ver vandaan, en toch heel innemend en intelligent. Hij ging hier logeren en wist niet eens hoe ze heette en zelf had hij zijn naam ook niet gezegd. Een merkwaardige toestand. Terwijl hij naar de badkamer liep om te douchen, dacht hij er aan dat hij de pakjes kaas op de tafel had laten liggen.

Ze zaten met drieën aan de tafel: de jonge vrouw, een oudere man die haar vader bleek te zijn en hijzelf.

De vader was een wat nors uitziende man, die een boerse indruk maakte. Stevig gebouwd, plompe figuur, ruwe handen, een getaand gezicht vol rimpels, streng uiterlijk, kort van stof, afgebeten antwoorden, pijp in de mond, beschadigd gebit. Niet echt onvriendelijk, eerder in zichzelf opgesloten en niet gewend om veel met anderen om te gaan, zeker niet met doodvreemden.

Toch had Dennis Campe oprecht genoten van de uitgebreide maaltijd. Ongetwijfeld kon ze voortreffelijk koken. Ze dronken de rest van de fles rode landwijn op, die de heerlijke frisheid van de kelder bezat.

De boer stond op en ging in zijn grootvadersstoel zitten om televisie te kijken. De jonge vrouw bracht de borden, schotels en glazen naar de keuken.

Het was een wat moeilijk en dood moment voor hem. Hij vroeg zich af wat hij zou doen. Ook naar de televisie kijken? Nu al naar zijn kamer gaan? Een wandeling maken?

Alsof ze wist waar hij mee bezig was en ze zijn gedachten moeiteloos raden kon, zei ze in het voorbijgaan: 'Op dit uur van de dag is het buiten heel mooi.'

Hij stond op en slenterde de deur uit, liep wat doelloos rond, een summiere verkenning van de omgeving. De honden begonnen weer uiterst woest te blaffen. Hij ging op de bank tegen het huis zitten, met de rug tegen de muur geleund. De stralen van de rood ondergaande zon schenen over de heuvelrug en zetten het dal in een vreemd, onwezenlijk licht.

De honden hadden hun razend geblaf gestaakt. Lieflijk lag de vallei voor hem opengespreid als een veilig, donzig nest, wachtend op de traag naderende nacht. Een boer reed hobbelend met zijn tractor van de heuvel naar beneden. Het was een uitzonderlijk mooie avond, vol van een onwaarschijnlijke, niet meer bestaande rust.

Ze kwam naast hem op de bank zitten, terughoudend, timide, vroeg beleefd of het niet stoorde.

'Vindt u het niet mooi?' Haar uitgestoken arm beschreef een halve cirkel.

'Ik ben er heel stil van,' zei hij. Daarna: 'Ik weet niet eens hoe u heet.'

'Louise,' zei ze, 'zoals mijn grootmoeder.'

Hij stak zijn hand uit. 'Ik ben Dennis, Dennis Campe.' Haar vingers lagen als dunne, koele vissen in de palm van zijn hand.

Een schaap begon te blaten, een hoog, klaaglijk geluid dat weerkaatst werd door de heuvelruggen. Paarden renden de weide rond met een trippelend, struikelend veulen er achteraan. In het gras langs de weg zaten wilde konijnen te eten, om de beurt gingen ze rechtop zitten, waakzaam en luisterend naar alle geluiden.

Een vredig fresco uit een lang vervlogen tijd, dacht hij, maar hoe hij zich ook inspande, hij kon zich niet herinneren dat hij dit pastorale beeld van het plattelandsleven al eens eerder had gezien, al kwam het hem desalniettemin bekend voor.

Misschien was het alleen maar de bevrediging van een aangeboren, intens verlangen naar rust en schoonheid, de onbewuste, latente hunkering naar een ongecompliceerd bestaan. De stad was nu veraf, de stad met de vrienden en de boosaardigen, de stad om onder te duiken en alles te vergeten en door allen vergeten te worden.

Ineens merkte hij haar aanwezigheid naast zich weer op, ze maakte een onrustige beweging, wellicht voelde ze zich schuw en ongemakkelijk in zijn zwijgende aanwezigheid.

'Sorry,' zei hij, 'ik zat te dromen.'

'Dat geeft niet,' zei ze, 'het overkomt me ook wel eens als ik hier zit.'

'Het is hier onwezenlijk mooi, een heel aparte wereld. Ik wist niet dat die nog bestond.'

'Ik ben hier graag,' zei ze eenvoudig, 'ik heb hier

altijd gewoond. In dit huis ben ik geboren, ik hou van deze kleine wereld.' Ze hield bruusk op, alsof ze schrok van haar plotselinge openhartigheid.

Hij knikte en keek naar haar ernstige gezicht met de glanzende ogen. 'Soms is het hier eenzaam,' zei ze, 'vooral in de winter.'

'Ligt er dan sneeuw?'

'Wekenlang soms.'

'Dat moet heel mooi zijn, op die hellingen met de hoge sparren.'

'Dat is het ook, mooi en verlaten. Dagenlang komt er niemand in het dal, we leven een tijdlang heel geïsoleerd van de bewoonde wereld.'

'Hoe redt u zich dan?'

'We bakken zelf brood, melk hebben we van de dieren, vlees, groenten en fruit zitten in de diepvriezer. Voor ons is het geen enkel probleem.'

Hij hoorde haar gonzende, zachte stem met de toon van grote vertrouwelijkheid. Zijn zintuigen registreerden haarscherp haar nabije aanwezigheid: de warmte en de geur van haar lichaam, de schuwe, onzichtbare trilling van haar zenuwen.

Hier zou ik kunnen blijven, dacht hij, voor de rest van mijn leven in dit godvergeten maar heerlijke aardse paradijs. Deze jonge, aardige vrouw met haar zelfstandige bestaan als levensgezellin. De dieren, de planten, de vruchten van het veld, de wisseling van de seizoenen, de dagen en nachten, de onaantastbare, driftige liefde voor een ongekunstelde vrouw, aandoenlijk en bevallig in haar eenvoud.

Hij besefte dat het een bekoorlijke droom was, een koestering van ontluikende, kwetsbare illusies.

Twijfel en scepsis aan de ene kant, een gelukzalig gevoel van verrukking aan de andere kant vochten in zijn geest om de overhand. Hij werd opgeslorpt door een heel andere, voor hem hoogst ongewone wereld. Weliswaar voelde hij zich afhankelijk van de vreemde situatie waarin hij verzeild was, maar hij had de keuze zelf en in volle bewustzijn gemaakt.

De avond viel, geruisloos sloop de nacht de vallei binnen. Dicht bij elkaar zaten ze op de bank, in een sfeer van intieme vertrouwelijkheid. Hij wist niet, en vroeg het zich ook niet af, hoe die intense kameraadschap in die korte tijd tussen hen ontstaan en opengebloeid was.

De volgende ochtend zaten ze samen aan tafel voor het ontbijt. Waarschijnlijk was ze al vroeg opgestaan en had ze op hem gewacht voor het *petit-déjeuner.* Haar vader lummelde wat rond in de stallen.

'Heb je vandaag iets speciaals te doen?' vroeg hij.

'Nee, waarom vraag je me dat?' zei ze verwonderd.

'Voel je wat voor een uitstapje?'

'Waar wil je heen?'

'Ik dacht aan de zee, naar Le Tréport bijvoorbeeld.'

'Daar ben ik nog nooit geweest,' zei ze vlug, 'ik zou het wel eens willen zien.'

'Dan vertrekken we om een uur of tien.'

'Ik moet het eerst nog met mijn vader bespreken.'

'Hij zal het zeker goed vinden.'

'Je kent hem niet, hij is heel bazig en streng, een autoritaire man.'

'Voor hem maakt het niets uit.'

'Hij heeft niet graag dat ik wegga, ik ben vrijwel altijd thuis.'

'Een reden te meer om er nu eens tussenuit te knijpen.'

'Het is zeker wel twee jaar geleden dat ik de streek nog eens verlaten heb,' zei ze peinzend. 'Toen was ik voor de begrafenis van een tante in Arras, een mooie stad met veel winkels.'

'Ga je dan nooit eens met vakantie?'

'Nee, nooit.'

'Waarom niet?'

Ze haalde de schouders op. 'Ik kan niet. Ik moet hier blijven, ik kan niet weg van het huis.'

Het klonk hem vreemd en bijna onbegrijpelijk in de oren. 'Soms moet je toch inkopen doen in het dorp of in de naburige stad, je hebt toch allerlei spullen nodig, kleren en zo?'

'Soms,' zei ze, 'ik ga heel weinig weg. Twee keer per maand komt er een vrachtwagen in de vallei, een soort rijdende winkel, daar kan ik bijna alles kopen, ook kleren en breiwol.'

Geen opwekkend leven voor een jonge, aantrekkelijke vrouw, dacht hij. Ze leek wel een vrijwillige gevangene, opgesloten in een aards paradijs, met alleen maar de natuur, de dieren en het juk van een patriarchale vader.

In Le Tréport amuseerden ze zich kostelijk. Het was overigens een uitzonderlijk mooie en zachte dag, de jagende zeewind was tot een bries verstild. De hele tijd gedroeg Louise zich vrolijk, zelfs uitgelaten. Een opgewekte, levenslustige jonge vrouw, onbespied en bevrijd van haar isolement.

Hand in hand slenterden ze over het strand, over de dikke laag van gladde, kogelronde keien. Giechelend als een heel jong kind klampte ze zich aan hem vast om niet uit te glijden. Ze liepen langs de waterlijn, vlak bij de door de golven opgejaagde sluier van glinsterende, doorschijnende, minuscule waterdeeltjes.

Daarna beklommen ze de hoge, steile kalkrotsen en keken uit over de zee of ze aan de overkant een glimp konden ontwaren van Engeland, maar dat was niet het geval; ze droomden het alleen maar.

Even na het middaguur zochten ze als twee blije, vermoeide kinderen een plaatsje in een van de kleine restaurants op de zeedijk. Overal zaten mensen te eten, dicht op elkaar aan te kleine tafels.

'Wat wil je graag hebben?' vroeg hij.

'Hier alleen maar vis,' zei ze, 'dat eten wij haast nooit in het dal.'

Hij bestelde een dubbele *pichet* droge, witte wijn van het huis, speciaal aanbevolen als ideale begeleiding van de *fruits de mer*, want de vis moest ook in je maag nog een beetje kunnen zwemmen. Glunderend genoot ze van de gemoedelijke, gezellige sfeer. Ze keek naar de vele, drukpratende en schrokkende mensen om haar heen en dronk als het ware gulzig van het pittoreske en kleurrijke tafereel. Hij hield haar hand vast en zei lachend in haar oor, dat hij zich voelde als God in Frankrijk.

's Avonds weer thuis in de vallei, met warme gezichten van zon en zeewind. Aan tafel een duidelijk ontevreden en norskijkende vader. Nu en dan glimlachten ze even naar elkaar, als twee stille samenzweerders, zonder zich iets aan te trekken van het slechte humeur van de nurkse ouwe.

Terwijl de patriarch met een verongelijkt en malcontent gezicht televisie ging kijken, maakten zij een lange wandeling door de in diepe rust gedompelde vallei. Ze liepen dicht bij elkaar als twee verliefden en hij dacht: een vrouw als deze kan men niet zoeken, men moet haar toevallig ontdekken, zij heeft een natuurlijk talent voor vriendschap en liefde. Ik voel haar naast me lopen als een trouwe kameraad, die ik al jaren ken. Maar meteen ook vroeg hij zich af of dit niet overdreven was, beïnvloed als hij was door de dag aan zee en de indringende, bedwelmende schoonheid en rust van deze vergeten vallei.

Vele uren later, toen de nacht was neergedaald in het dal, liepen ze weer naar het huis. Ze ging met hem mee naar zijn kamer. Voor beiden was het een heel vanzelfsprekende en doodnormale zaak. Ze lagen dicht bij elkaar, liefkozend, knuffelend en ze vrijden hartstochtelijk. Twee uitgelaten, hongerige minnaars. Een onvergetelijke nacht, die de smaak had van een lang verloren en nu weer hervonden paradijs.

Zo smeedden zij stoutmoedig aan hun eigen lot, niet bedachtzaam maar driest, niet bekommerd om de onzekerheid van allerlei onbekende omstandigheden en consequenties. Ze genoten zorgeloos en laveloos van hun samenzijn. De dag van morgen zou ongetwijfeld anders zijn, hoopvol en bloemen zaaien, of hopeloos en schrammen trekken in hun bestaan.

Hij werd wakker door een auto, die voor het huis stopte en luid claxonneerde. Het was zeker al volop dag. Buiten hoorde hij het geroezemoes van pratende mensen, maar hij kon alleen maar de stem van Louise herkennen, de anderen waren stellig vreemden.

Wat landerig begon hij zich aan te kleden, traag in zijn bewegingen en een beetje besluiteloos. De vreemde auto stond nog altijd voor het huis en hij voelde er op dit ogenblik eigenlijk niets voor om op deze plek allerlei vreemde mensen te ontmoeten.

Met tegenzin liep hij naar het huis, meer uit honger ging hij ernaar toe dan uit belangstelling. Het kon hem niet schelen wie de bezoekers waren.

In de woonkamer zaten een man en een vrouw aan de tafel, hij achter een *café-calva*, zij met alleen maar koffie.

'Mijn zuster Fabienne en haar man,' zei Louise, 'ze wonen in Amiens.'

Ze begroetten hem vriendelijk. De twee zussen leken niet erg op elkaar. Zo te zien was Fabienne een stuk ouder dan Louise. De eerste had de wat bonkige, geblokte figuur van haar vader, terwijl Louise niet alleen slanker was, maar ook frisser en mooier, vermoedelijk leek die meer op haar moeder.

Hij was nog met de verschillen en overeenkomsten tussen beide vrouwen bezig, toen er ineens een knaap naar binnen kwam, die onmiddellijk weer verdween door de andere deur. Dennis had hem nauwelijks opgemerkt, ook omdat Louise net de *baguette* naar hem toeschoof en een grote kop koffie vulde. 'Neem er een *trou normand* bij,' zei de schoonbroer terwijl hij zijn glas omhoog stak, 'heel gezond.'

'Te vroeg voor mij,' zei Dennis.

De jongen rende opnieuw de kamer binnen en verdween weer ogenblikkelijk naar buiten. De oude boer was in geen velden of wegen te bekennen. Het viel op dat het gezicht van Louise een hoogrode kleur had en dat ze zenuwachtig rond de tafel drentelde en daarna door het raam naar het erf keek.

Opnieuw kwam de knaap de kamer binnen. Nu kon Dennis hem voor de eerste keer goed opnemen. Hij leek een jaar of zes, zeven. Een mongooltje. Misschien het zoontje van het op bezoek zijnde echtpaar?

Het kereltje kwam nu dicht bij hem staan aan de tafel en keek nieuwsgierig naar de etende Dennis. Hij was niet bang of verlegen, hij ademde een ontwapenende onschuld uit. Een brede glimlach vlinderde over zijn gezicht en hij legde vertrouwelijk zijn gebald, vlezig handje op Dennis' arm.

'Niet doen, Jean-Marie,' hoorde hij Louise achter zijn rug zeggen. 'Laat meneer nu eten.' Ze wou hem met zachte dwang doen weggaan, maar de jongen bleef koppig naast Dennis staan, bijna tegen hem aanleunend met heel zijn gewicht.

Het echtpaar aan de overkant van de tafel vond het een vermakelijke scène, ze moesten er allebei hartelijk om lachen. Louise ergerde zich kennelijk aan de situatie. Ze keek hulpeloos naar Dennis en zei: 'Mijn zoontje, Jean-Marie.'

Dennis kreeg een schok. Niet begrijpend keek hij naar Louise, dan naar het debiele jongetje aan zijn zij. Moeder en zoon, waarom had ze hem niets gezegd over het kind? Hij voelde hoe kwetsbaar ze nu was.

'Hij was bij mijn zus in Amiens,' zei ze bloot en afhankelijk, 'een weekje met vakantie.'

In haar ogen las hij sporen van radeloosheid, hoewel ze haar uiterste best deed om heel gewoon te praten. 'Jean-Marie is mijn zoon,' herhaalde ze, een volkomen overbodige bevestiging van een verrassend feit.

De jongen trok aan zijn mouw. 'Naar de paarden,' zei hij. Dennis liep met hem naar buiten, om even alleen te zijn, weg van de hulpeloze, weerloze Louise, weg van het stomme gelach van het echtpaar, alleen met zijn chaotisch door elkaar wervelende gedachten.

Jean-Marie rende al voor hem uit naar de weide, nu en dan even omkijkend met zijn aandoenlijk mongools smoeltje. Behendig glipte hij tussen de afrastering van prikkeldraad door en liep naar de pony's.

De dieren herkenden hem, luid hinnikend kwamen ze naar hem toegerend, schuddend met hun koppen. Een lichtbruin paardje met ongewoon blonde manen, ging naast hem op de grond zitten. De achterpoten onder zijn zwaar achterlichaam gevouwen, de twee voorpoten kaarsrecht gestrekt als steun. De jongen ging op de naar beneden hellende rug van de pony zitten, klampte zich vast aan de lange manen, klakte met de tong. Het dier sprong op en liep op een drafje de weide rond, de jongen grijnsde gelukkig en trots.

Hij leek een vreemde dissonant in dit paradijs, maar één zaak was zeker: dat hij hier volmaakt gelukkig was in deze simpele wereld tussen de dieren. Dennis voelde een diep en onbeschrijfelijk gevoel van vriendschap en vertedering voor deze jongen groeien in zijn hart.

Na het avondeten zaten Dennis en Louise zwijgend op de bank voor het huis. De vrolijke dag van gisteren leek eindeloos lang geleden. Was de nacht geen droom geweest, was die echt gebeurd en niet alleen maar een verre, rokerige illusie, een vorm van zelfbedrog?

De hele lange dag had de jongen in de buurt van Dennis vertoefd, zonder hem één ogenblik te verlaten of zich één moment te vervelen.

'Waarom heb je het niet gezegd?'

'Ik durfde niet. Hij kwam een dag vroeger thuis dan ik verwacht had.'

'Wie is de vader?' vroeg hij behoedzaam.

Ze maakte met haar hoofd een beweging in de richting van de stallen, waar de oude boer nog met een of ander klusje bezig was.

'Je vader?' vroeg hij verbijsterd.

'Ja,' zei ze heel oprecht, 'mijn moeder stierf toen ik nog een klein meisje was. Van jongsaf viel hij me lastig.' Ze praatte moeilijk, onderdrukte haar emoties, het was een pijnlijke biecht. 'Eerst wist ik zelfs niet beter, bijna of het allemaal zo hoorde. Hij was een dwingeland.'

'Een smerige streek. Hoe kon hij zijn jongste dochter zoiets aandoen?'

'Ik weet het niet.'

'Heb je het ooit aan iemand verteld?'

'Nee, o nee.' Ze schudde haar hoofd, alsof ze bang was. 'Ze denken dat het een kind is van een reiziger, een vreemdeling, iets toevalligs. Mensen verdragen de waarheid niet.'

'Je beschermt hem nog,' zei hij verwijtend.

'Vaak haat ik hem.'

Hij probeerde de op hem afstormende gevoelens te verwerken. Ook hij haatte de vader, dat wist hij met grote zekerheid, ook al gaf hij dat gevoel niet prijs.

'De jongen is een echt natuurkind,' zei hij alleen maar.

'Ik zou hem niet willen missen. Misschien geef ik veel meer om hem, dan ik om een normaal kind zou kunnen geven?'

'Ook de dieren houden van hem, heel eigenaardig.'

'Hij was doodmoe toen ik hem naar bed bracht. Dennis gaat toch niet weg? vroeg hij voor het inslapen.'

'Wat heb je geantwoord?'

'Dat ik het niet wist. Hij was niet alleen moe, maar ook ongerust en een beetje bang.'

Hij zat even na te denken. 'Morgen na de middag vertrek ik weer,' zei hij.

Haar gezicht lichtte bleek op in de avond, het vochtige glanzen van haar ogen in de schemering.

'Ik begrijp het,' zei ze en keek de andere kant op.

Stroef zat hij voor zich uit te staren. Wat is het moeilijk om gelukkig te zijn, dacht hij. In onze herinnering is het de mooie tijd van gisteren of zijn het de dromen voor morgen; nooit de heerlijke tijd van vandaag. Misschien was geluk zich overgeven aan anderen, zonder vragen en eisen en zonder zichzelf te verliezen.

Toen Dennis de volgende ochtend de deur uitging, zag hij tot zijn verbazing dat Jean-Marie op de drempel zat. De jongen sprong op en wiebelde uitgelaten heen en weer, van de ene voet op de andere verspringend. 'Ik heb op je gewacht,' zei hij met een brede grimas.

In de woonkamer was de tafel al gedekt. Hij hoorde Louise bezig in de keuken, heel even vertoonde ze zich, Dennis zag dat ze gehuild had.

De jongen kwam dicht bij hem zitten aan de tafel, zodat ze elkaar aanraakten. 'Naar de paarden?' vroeg hij hoopvol.

'Meneer vertrekt vandaag,' riep Louise.

'Dennis?' zei de jongen geschrokken, 'niet waar, niet waar.'

Hij schudde geruststellend het hoofd en legde zijn arm om de jongen heen. 'Wees maar niet bang, Jean-Marie,' zei hij, 'ik kom heel vlug terug.'

Louise kwam in de deuropening staan. 'Zeg je dat zomaar?' vroeg ze. 'Waarom doe je dat?'

'Ik meen het,' zei hij rustig. En tegen de jongen: 'Ga maar vast naar de paarden, ik kom zo.' De jongen lachte en begon uitbundig in de handen te klappen. Vlug als een wezel rende hij naar buiten.

Louise kwam achter hem staan, ze legde haar hand op zijn schouder maar zei geen woord.

Als een knappe vrouw als zij alleen zou blijven, dacht hij, zou het een verwijt zijn aan het adres van de mannen en een levend bewijs van hun domheid. Hij stond op, nam haar in zijn armen en kuste haar. Het leven was ineens van een natuurlijke eenvoud; hij voelde zich gelukkig.

BRONVERMELDING

J.P. Guépin - Nutteloos getob over het Franse ontbijt
Uit: Nutteloos getob - Bert Bakker, 1986

Simon Carmiggelt - Parijs, vlak na de oorlog
Uit: Allemaal onzin - De Arbeiderspers, 1948

Hugo Raes - Een naaktvakantie op Corsica
Uit: De Vlaamse reus - De Bezige Bij, 1974

S. Montag - Châlons
Uit: Over de afwas, de doodstraf, dienstmeisjes, Dinky Toys en nog het een en ander - De Bezige Bij, 1980

Michel van der Plas - Zomer in Parijs
Uit: Hier rijdt een domme buitenlander - De Prom, 1986

Henk Spaan - Douanier
Uit: Kermis op de dam - Veen, 1983

Cees Nooteboom - Bréhat
Uit: Waar je gevallen bent, blijf je - De Arbeiderspers, 1983

Rik Zaal - Villeneuve sluit om acht uur
Uit: Onderweg - Veen, 1991

Renate Rubinstein - Parijs
Uit: Naar de bliksem? Ik niet - Meulenhoff, 1985

Henk Romijn Meijer - De eerste foto van het album
Uit: Bon Voyage, Napoléon - Meulenhoff, 1976

Gaston Durnez - Seine
Uit: De engel op het eiland - Manteau, 1984

Marnix Gijsen - Denkend aan Frankrijk
Uit: Uit het Brussels getto - Manteau, 1978

Godfried Bomans - Tussen Eiffeltoren en Dôme
Uit: Pokkenvrij de lucht in - Amber, 1991

Tim Krabbé - Col d'Uglas
Uit: 43 Wielerverhalen - Bert Bakker, 1984

Jan Hanlo - In Bretagne
Uit: Mijn benul - Van Oorschot, z.j.

J.M.A. Biesheuvel - De tuin van de koning
Uit: De angstkunstenaar - Meulenhoff, 1987

Jos Vandeloo - Ook het paradijs heeft zijn zwakke plekken
Uit: Les Hollandais sont là - Manteau, 1985

COLOFON

Vive la France werd in opdracht van Novella Uitgeverij te Amersfoort gezet uit de Bembo door Vonk prepress te Amersfoort en gedrukt door Koninklijke Wöhrmann te Zutphen.
Samenstelling: Nanda Meijnen en Jaap Voerman
Tekening omslag: Cor Visser
Grafische verzorging: Ulrike Völckers
Lithografie: Litho De Jong te Amersfoort